P9-BJF-564

NORWEGIAN
in 10 minutes a day®

by **Kristine Kershul, M.A.,** University of California, Santa Barbara
adapted by Nancy J. Stone-Nilsen

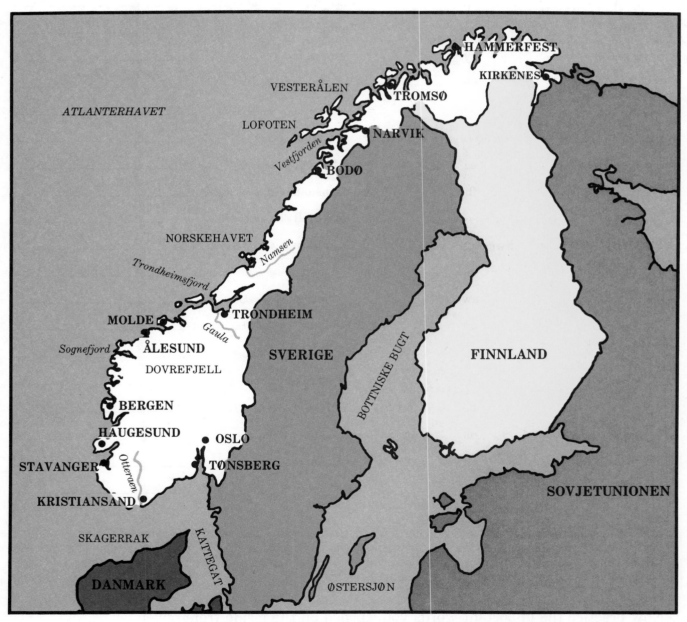

A Sunset Series Sunset Publishing Corporation
Menlo Park, California

Fourth printing November 1994

Alfabet

Many Norwegian letters sound the same as in English, but some Norwegian letters are pronounced or written differently. To learn the Norwegian sounds of these letters, write each example in the space provided in addition to saying the word many times. This is intended as a guide, so refer to it whenever you need help. After you practice the word, see if you can locate it on the map.

Norwegian letter	English sound	Example	Write it here
a	ah	**Stavanger** (stah-vahng-er)	_____
au	ow	**Haugesund** (how-guh-soon)	_____
e (varies)	ay	**Sverige** (svay-ree-uh)	_____
	uh	**Molde** (mold-uh)	_Molde_
*ei/eg	æ-ee	**Trondheim** (trohnd-hæ-eem)	_____
gei/gi/gj/gy	y (as in yes)	**Gjøvik** (yuh-veek)	_____
i (varies)	ee	**Narvik** (nahr-veek)	_____
	ih	**Kristiansand** (krihst-yahn-sahn)	_____
j	y (as in yes)	**Dovrefjell** (daw-vruh-fyel)	_____
kei/ki/kj/ky/tj	hy (breathe hard)	**Kjøbenhavn** (hyuh-ben-hahvn) Copenhagen	_____
o (varies)	oh	**Oslo** (oh-shloh)	_____
	aw	**Norge** (nawr-guh)	_____
u (varies)	uh	**Jotunheimen** (yoh-tuhn-hæ-eem-en)	_____
	oo	**Sovjetunionen** (sohv-yet-oon-yohn-en)	_____
y (varies)	i	**Tyskland** (tisk-lahnd) Germany	_____
	ee	**Myrdal** (meer-dahl)	_____
ø	uh	**Tønsberg** (tuhns-bairg)	_____
å	aw	**Ålesund** (awl-uh-soon)	_____
*æ	æ	**Værøy** (vær-uh-ee)	_____

Note: The Norwegian letter "æ," and certain other letter combinations, are pronounced like the "a" in "cat." Whenever this sound occurs in Norwegian, you will see **æ** in the phonetics. And whenever you see this **æ** you can say "cat" to yourself before trying the word. You will have many chances to practice and perfect this sound in special sections throughout the book.

Now practice the important words you learned on the inside front cover.

(vah) (het-er) (day)	(day) (oh-shloh)		(et) (ep-luh)
Hva heter det? what is called that	**Det heter Oslo.** that	**Hva heter det?**	**Det heter et eple.** an apple
Hva heter det?	**Det heter Norge.** (nawr-guh) Norway	**Hva heter det?**	**Det heter en buss.** (en) (boos) a bus

When you arrive in **Norge,** *(nawr-guh)* / Norway, the very first thing you will need to do is to ask questions — "Where is the train station?" "Where can I exchange money?" "Where **(hvor)** *(vor)* is the lavatory?" **"Hvor** *(vor)* is a restaurant?" **"Hvor** do I catch a taxi?" **"Hvor** is a good hotel?" **"Hvor** is my luggage?" — and the list will go on and on for the entire length of your visit. In Norwegian, there are EIGHT KEY QUESTION WORDS to learn. For example, the eight key question words will help you to find out exactly what you are ordering in a restaurant before you order it — and not after the surprise (or shock!) arrives. Take a few minutes to study and practice saying the eight basic question words listed below. Then cover the Norwegian words with your hand and fill in each of the blanks with the matching **norsk ord.** *(nawrshk)(ord)* / Norwegian word. Notice that all but one question **ord** / word begin with "hv" (pronounced "v").

1.	**HVOR** *(vor)*	= WHERE	*hvor, hvor*
2.	**HVA** *(vah)*	= WHAT	_____
3.	**HVEM** *(vem)*	= WHO	_____
4.	**HVORFOR** *(vor-for)*	= WHY	_____
5.	**NÅR** *(nore)*	= WHEN	_____
6.	**HVORDAN** *(vor-dahn)*	= HOW	_____
7.	**HVOR MYE** *(vor) (mee-uh)*	= HOW MUCH	_____
8.	**HVOR MANGE** *(vor) (mahng-uh)*	= HOW MANY	_____

Now test yourself to see if you really can keep these **ord** straight in your mind. Draw lines
words
between the *(nawrsh-kuh)* **norske** *(aw)* **og** English equivalents below.
Norwegian   and

when   **hvor mange**

why   **hvem**

who   **hva**

how many   **hvor**

how   **hvor mye**

where   **hvorfor**

how much   **hvordan**

what   **når**

Examine the following questions containing these **ord.** Practice the sentences out loud *(aw)* **og**
words   and
then quiz yourself by filling in the blanks below with the correct question **ord.**

(vor)   (œr)(en) (tay-lay-fohn)
Hvor er en telefon?
Where   is   a   telephone?

(vem)   (œr)(day)
Hvem er det?
Who   is   that?

(vor)   (mee-uh)(coast-er) (day)
Hvor mye koster det?
How much   costs   that?

(vah)   (œr)(ee)(væ-ee-en)
Hva er i veien?
What   is   wrong?

(vor-dahn)   (œr)(sah-laht-en)
Hvordan er salaten?
How   is   salad the?

(nore) (kohm-er)   (mahn-en)
Når kommer mannen?
When   comes   man the?

1. _____ **er salaten?**   4. _____ **er en telefon?**

2. _____ **koster det?**   5. _____ **er det?**

3. *Hva* _____ **er i veien?** 6. _____ **kommer mannen?**

(vor)
Hvor will be your most used question **ord** so let's concentrate on it. Say each of the
(nawrsh-kuh)
following **norske** sentences aloud. Then write out each sentence without looking at the
Norwegian
example. If you don't succeed on the first try, don't give up. Just practice each sentence

until you are able to do it easily. Don't forget that the "h" in **"hv"** is silent. Also, in

(nawrshk)
4 norsk there are three extra letters — <u>æ</u> *(œ),* <u>ø</u> *(uh)* and <u>å</u> *(aw).*
Norwegian

(vor) *(ær)(toe-ah-let-uh)*
Hvor er toalettet?
where

HERRER   DAMER

(ær) *(en) (droh-shuh)*
Hvor er } en drosje?
(tahx-ee)
en taxi?

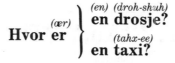

(ær) *(boos)*
Hvor er en buss?

_____   _____   *Hvor er en buss?*

(ær) *(res-tuh-rahng)*
Hvor er en restaurant?

(ær) *(bahnk)*
Hvor er en bank?

(ær)(et) (hoh-tel)
Hvor er et hotell?

HOTELL

_____   _____   _____

(yah) *(eng-elsk)* *(nawrshk)* *(nawrshk)(aw) (eng-elsk)*
Ja, many of the **ord** that look like **engelsk** are also **norsk.** Since **norsk og engelsk** are
yes   English   Norwegian   and

(ær)
related languages, your work here **er** simpler. You will be amazed at the number of **ord**

that are identical (or almost identical). Of course, they do not always sound the same when

spoken by a Norwegian, but the similarity will certainly surprise you. Listed below are

five "free" **ord** beginning with "A" to help you get started. Be sure to say each **ord** aloud

(aw) *(nawrshk)*
og then write out the **norsk ord** in the blank to the right.
and

☑ **absolutt** *(ahb-soh-loot)* . . . . absolutely	_____
☑ **en adresse** *(ah-dress-uh)* . . . . address	_____
☑ **et aerogram** *(air-oh-grahm)* . . . . aerogram	_____
☑ **akkurat** *(ah-kuh-raht)* . . . . accurate; exactly	_____
☑ **alkohol** *(ahl-koh-hole)* . . . . alcohol	_____

Free **ord** like these will appear at the bottom of the following pages in a yellow color band.

Check them off as you learn them. They are easy — enjoy them!

Step 2

"A," "An," "The"

All of these words mean "a" or "an" in **norsk** *(nawrshk)* and come before the **ord**.

(en) **en**	*(et)* **et**	*(æ-ee)* **ei**

en gutt: *(guht)* a boy

ei jente: *(æ-ee)(yen-tuh)* a girl

et hus: *(hoos)* a house

en stol: *(stole)* a chair

ei bok: *(æ-ee)(boke)* a book

et tog: *(tawg)* a train

All of the words below mean "the" **og** *(aw)* and are a little different from **engelsk.** *(eng-elsk)*

These are tacked on the end: and these are also added in front.

(en) **-en**	*(uh)* **-et**	*(ah)* **-a**	*(en-uh)* **-ene**

(den) **den**	*(day)* **det**	*(dee)* **de**

gutten: *(guh-ten)* boy the

jenta: *(yen-tah)* girl the

huset: *(hoos-uh)* house the

husene: *(hoos-en-uh)* houses the

den norske gutten: *(den)(nawrsh-kuh)(guh-ten)* the Norwegian boy the

den norske jenta: *(nawrsh-kuh)(yen-tah)* the Norwegian girl the

det norske huset: *(day)(hoos-uh)* the Norwegian house the

de norske husene: *(dee)(hoos-en-uh)* the Norwegian houses the

Norsk *(nawrshk)* has multiple **ord** for "a" and "the," but there **er** *(ær)* no need to worry about it. Just make a choice **og** *(aw)* remember to use one of these **ord** when you mean "a" or "the."

Step 3

Ting *(ting)* things

Before you proceed **med** *(may)* with this Step, situate yourself comfortably in your living room. Now look around you. Can you name the **ting** *(ting)* things that you see in this **rom** *(rom)* room in **norsk?** *(nawrshk)* You can probably guess **en sofa** *(so-fa)* and maybe even **ei lampe.** *(æ-ee)(lahm-puh)* Let's learn the rest of them. After practicing these **ord** out loud, write them in the blanks below **og** *(aw)* on the next page.

et bilde / bildet *(et)(bild-uh)(bild-uh)* _____
a   picture   picture the

et tak / taket *(tahk)(tahk-uh)* *et tak / taket*
a   ceiling   ceiling the

☐ **allerede** *(ahl-er-red-uh)* .... already _____
☐ **en ambassadør** *(ahm-bah-sah-dur)* .... ambassador _____
☐ **Amerika** *(ah-mair-ee-kah)* .... America _____
— **en amerikaner** *(ah-mair-ee-kahn-er)* ...... American _____
6 ☐ **en appetitt** *(ah-pet-eet)* .... appetite _____

(et) (yur-nuh) (yur-nuh)
et hjørne/hjørnet _____
a   corner   corner the

(vin-doo) (vin-doo-uh)
et vindu/vinduet _____
a   window   window the

(æ-ee)(lahm-puh) (lahm-pah)
ei lampe /lampa _____
a   lamp   lamp the

(lees) (lees-uh)
et lys /lyset _____
a   light   light the

(en) (so-fa) (so-fa-en)
en sofa/sofaen _____
a   sofa   sofa the

(stole) (stole-en)
en stol/stolen _en stol / stolen_
a   chair   chair the

(tep-puh) (tep-puh)
et teppe/teppet _____
a   carpet   carpet the

(bord) (bord-uh)
et bord/bordet _____
a   table   table the

(æ-ee)(duhr) (duhr-ah)
ei dør /døra _____
a   door   door the

(æ-ee)(kloh-kuh) (kloh-kah)
ei klokke/klokka _____
a   clock   clock the

(gar-deen) (gar-deen-en)
en gardin/gardinen _____
a   curtain   curtain the

(vayg) (vay-gen)
en vegg/veggen _____
a   wall   wall the

You will notice that the correct form of "the" **og** *(aw)* "a" is given **med** *(may)* each noun. This is for
_{with}

your information — just remember to use one of them. Now open your book to the first

page **med** *(may)* the sticky labels. Peel off the first 14 labels **og** *(aw)* proceed around the **rom,** *(rom)*

labeling these items in your home. This will help you increase your **norsk ord** *(nawrshk)* power

easily. Don't forget to say the **ord** as you attach each label.

Now ask yourself, **"Hvor er bildet?"** *(vor) (ær)(bild-uh)* **og** *(aw)* point at it while you answer, **"Der er bildet."** *(dær) (ær)*
_{is   picture the}   _{there   is}

Continue on down the **liste** *(list-uh)* until you feel comfortable **med** *(may)* these new **ord.** Say, **"Hvor er** *(ær)*
_{list}   _{with}

taket?" *(tahk-uh)* Then reply, **"Der er taket,"** *(dær) (ær)* and so on. **Når** *(nore)* you can identify all the items on
_{ceiling the}   _{there}   _{when}

listen, *(list-en)* you will be ready to move on.
_{list the}

Now, starting on the next page, let's learn some basic parts of the house.

☐ **en aprikos** *(ah-pree-kohs)*	. . . .	apricot	_____
☐ **april** *(ah-preel)*	. . . .	April	_____
☐ **en arm** *(arm)*	. . . .	arm	_____
☐ **august** *(ow-goost)*	. . . .	August	_____
☐ **en automat** *(ow-toe-maht)*	. . . .	vending machine, automat	_____

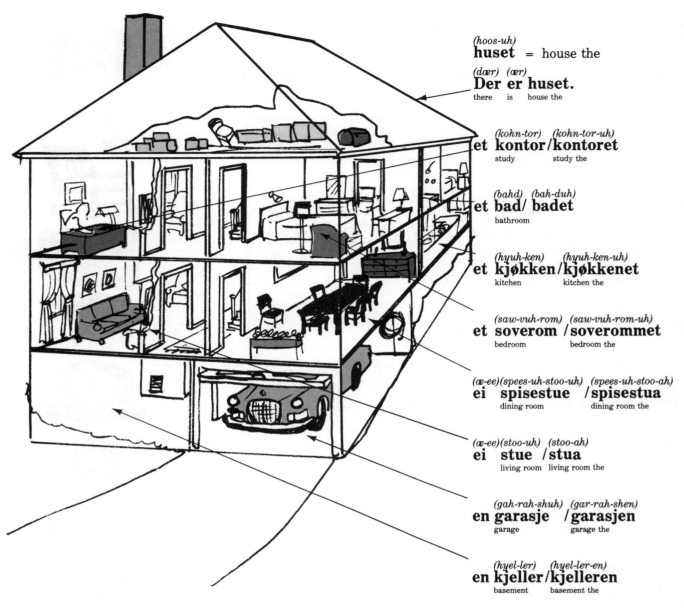

(hoos-uh)
huset = house the

(dær) *(ær)*
Der er huset.
there is house the

(kohn-tor) *(kohn-tor-uh)*
et kontor/kontoret
study study the

(bahd) *(bah-duh)*
et bad/ badet
bathroom

(hyuh-ken) *(hyuh-ken-uh)*
et kjøkken/kjøkkenet
kitchen kitchen the

(saw-vuh-rom) *(saw-vuh-rom-uh)*
et soverom /soverommet
bedroom bedroom the

(æ-ee)(spees-uh-stoo-uh) *(spees-uh-stoo-ah)*
ei spisestue /spisestua
dining room dining room the

(æ-ee)(stoo-uh) *(stoo-ah)*
ei stue /stua
living room living room the

(gah-rah-shuh) *(gar-rah-shen)*
en garasje /garasjen
garage garage the

(hyel-ler) *(hyel-ler-en)*
en kjeller/kjelleren
basement basement the

While learning these new **ord** let's not forget
words

(beel-en)
bilen
car the

(sik-el-en)
sykkelen
bicycle the

(hoond-en)
hunden
dog the

 bilen

☐ **bagasje** *(bah-gah-shuh)*	luggage, baggage	
☐ **et bakeri** *(bah-ker-ee)*	bakery	
☐ **en balkong** *(bahl-kong)*	balcony	
☐ **en banan** *(bah-nahn)*	banana	
☐ **en bank** *(bahnk)*	bank	

(kaht-en)
katten
cat the

(hah-gen)
hagen
garden the

(post-en)
posten
mail the

hagen

(post-kah-sen)
postkassen
mailbox the

(blohm-sten-uh)
blomstene
flowers the

(ring-uh-kloh-kah)
ringeklokka
doorbell the

Peel off the next set of labels **og** *(aw)* wander through your **hus** *(hoos)* learning these new **ord.**

Granted, it will be somewhat difficult to label **hunden, katten eller** *(el-ler)* **blomstene,** but use or your imagination.

Again, practice by asking yourself, **"Hvor er** *(ær)(hah-gen)* **hagen?"** **og** *(aw)* reply, **"Der** *(dær)* **er** *(ær)* **hagen."** Now for the following:

Hvor er *(ær)* **. . .**

☐ **en benk** *(benk)*	bench	
☐ **best** *(best)*	best	
☐ **en biff** *(biff)*	beef, steak	
☐ **blå** *(blaw)*	blue	
☐ **ei bok** *(boke)*	book	

9

Step 4

(en)	*(toe)*	*(tray)*
Én,	**to,**	**tre**
one	two	three

(hær) (ær)(en) (bok)
Her er én bukk,
here is one billy goat

(toe)(bok-er)
Her er to bukker,
two billy goats

(tray)
Her er tre bukker,
three

(dee) (dee) (bok-en-uh) (broo-suh)
Det er de tre bukkene bruse.
it the billy goats the gruff

(ær)
Did you know that "The Three Billy Goats Gruff" **er** a **norsk** folktale?

For some reason, numbers are not the easiest thing to learn, but just remember how

(vor-dahn)
important they are in everyday conversation. **Hvordan** could you tell someone your
how

(tay-lay-fohn-nohm-mer) *(ah-dress-uh)(el-ler)* *(hoh-tel-rom)* *(nohm-mer)* *(aw)*
telefonnummer, your **adresse eller** your **hotellrom** if you had no **nummer? Og** think of
telephone number or hotel room numbers

(ep-luh)
how difficult it would be if you could not understand the time, the price of **et eple eller** the
an apple or

(boos) *(nore)* *(nohm-mer)*
correct **buss** to take. **Når** practicing the **nummer** below, notice the similarities (underlined)
bus when

(tray) *(tret-ten)* *(fem)* *(fem-ten)* *(aw)*
between **tre** (3) and **tretten** (13), **fem** (5) and **femten** (15) **og** so on.

0	*(nool)* **null**			0	*null, null, null*
1	*(en) (et)* **én, ett**	11	*(elv-uh)* **elleve**	1	
2	*(toe)* **to**	12	*(tawl)* **tolv**	2	
3	*(tray)* **tre**	13	*(tret-ten)* **tretten**	3	
4	*(fear-uh)* **fire**	14	*(fyor-ten)* **fjorten**	4	
5	*(fem)* **fem**	15	*(fem-ten)* **femten**	5	
6	*(sex)* **seks**	16	*(sigh-sten)* **seksten**	6	
7	*(shoe)* **sju**	17	*(suh-ten)* **sytten**	7	
8	*(aw-tuh)* **åtte**	18	*(ah-ten)* **atten**	8	
9	*(nee)* **ni**	19	*(nit-ten)* **nitten**	9	
10	*(tee)* **ti**	20	*(hyoo-uh)* **tjue**	10	

☐ **britisk** *(bree-tisk)* .... British
☐ **en bror** *(bror)* .... brother
☐ **brun** *(broon)* .... brown, tanned
☐ **et brød** *(bruh)* .... bread
☐ **en buss** *(boos)* .... bus

Use these **nummer** *(nohm-mer)* on a **daglig** *(dahg-lee)* basis. Count to yourself **på norsk** *(paw)* when you brush your

teeth, exercise, **eller** commute to work. Now fill in the following blanks according to the

nummer *(nohm-mer)* given in parentheses.

Note: This is a good time to start learning these **to** *(toe)* important phrases.
two

Jeg *(yœ-ee)* **vil** *(vil)* **ha** *(hah)* .... , **takk.** *(tuck)* = I would like ...., please. _____

Vi *(vee)* **vil ha** .... , **takk.** = We would like ...., please. _____

Jeg vil ha *(yœ-ee)* _____ (15)	**stykker** *(stik-er)* **papir,** *(pah-peer)* **takk.** *(tuck)* pieces of paper	**Hvor** *(vor)* **mange?** *(mahng-uh)* how many	_____ (15)
Jeg vil ha _____ (10)	**brevkort,** *(brev-kort)* **takk.** *(tuck)* postcards	**Hvor mange?**	_____ (10)
Jeg vil ha _____ (11)	**frimerker,** *(free-mær-ker)* **takk.** stamps	**Hvor mange?**	_____ (11)
Jeg vil ha _____ (8)	**liter** *(lee-ter)* **bensin,** *(ben-seen)* **takk.** liters of gas	**Hvor mange?**	_____ (8)
Jeg vil ha _____ (1)	**glass** *(glahs)* **eplesaft,** *(ep-luh-sahft)* **takk.** glass apple juice	**Hvor mange?**	_____ (1)
Vi vil ha *(vee)* _____ (3)	**kopper** *(kohp-per)* **te,** *(tay)* **takk.** cups of tea	**Hvor mange?**	*tre* (3)
Vi vil ha _____ (4)	**teaterbilletter,** *(tay-ah-ter-bil-let-er)* **takk.** theater tickets	**Hvor mange?**	_____ (4)
Vi vil ha _____ (2)	**glass** *(glahs)* **øl,** *(uhl)* **takk.** glasses of beer	**Hvor mange?**	_____ (2)
Jeg vil ha *(yœ-ee)* _____ (12)	**ferske** *(fœrsh-kuh)* **egg,** *(egg)* **takk.** fresh eggs	**Hvor mange?**	_____ (12)
Vi vil ha *(vee)* *seks* (6)	**kilo** *(kee-loh)* **kjøtt,** *(hyuht)* **takk.** kilograms of meat	**Hvor mange?**	_____ (6)
Vi vil ha _____ (5)	**glass** *(glahs)* **vann,** *(vahn)* **takk.** glasses of water	**Hvor mange?**	_____ (5)
Jeg vil ha *(yœ-ee)* _____ (7)	**glass vin,** *(veen)* **takk.** glasses of wine	**Hvor mange?**	_____ (7)
Vi vil ha *(vee)* _____ (9)	**kilo smør,** *(smuhr)* **takk.** butter	**Hvor mange?**	_____ (9)

Norsk itself actually has no "c's," so you will note that all these free **ord** are taken into **norsk** from other languages.

☐ **en campingplass** *(kæm-ping-plahs)* ..... campground _____
☐ **en cellofan** *(sell-oh-fahn)* .... cellophane _____
☐ **et centigram** *(sen-tee-grahm)* .... centigram _____

Now see if you can translate the following thoughts into **norsk**. The **svar** *(svahr)*
answers are at the
bottom of **siden.** *(seed-en)*
page the

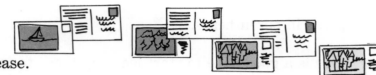

1.   I would like seven postcards, please.

_____

2.   I would like one beer, please. _____

3.   We would like two glasses of water, please.

Vi vil ha to glass vann, takk.

4.   We would like three theater tickets, please.

_____

Review the **nummer** *(nohm-mer)* 1 **til** *(til)* *to* 20 **og** *(aw)* answer the following questions aloud, **og** *(aw)* then write the
svar *(svahr)* in the blank spaces to the left.

Hvor mange bord *(vor) (mahng-uh)(bord)*
how   many
er her? *(ær)(hær)*
here   *tre*

Hvor mange lamper *(lahm-per)*

er her? *(ær)(hær)*   _____

Hvor mange stoler er her? *(stole-er) (ær)(hær)*   _____

(vor) *(mahng-uh)* *(kloh-ker)*
Hvor mange klokker
how   many
(ær)(hær)
er her? _____

(vin-doo-er)
Hvor mange vinduer er her? _____

(men-es-ker)
Hvor mange mennesker
people
er her? *seks*

(men)
Hvor mange menn
men
er her? _____

(kvin-er)
Hvor mange kvinner
women
er her? _____

(far-ger)
Farger
colors

Step 5

(far-ger) *(ær)* *(ee) (nawr-guh)* *(ee) (ah-mair-ee-kah)* *(nahvn)*
Farger er the same **i Norge** as they are **i Amerika;** they just have different **navn.** You
colors   are   in Norway   in America   names
(poor-poor) *(aw) (broon)*
can easily recognize **purpur** as purple **og brun** as brown. So when you are invited to

(hoos) (aw) *(far-guh)*
someone's **hus og** you want to take flowers, you will be able to order the correct **farge** of
color
(far-ger) *(list-en)*
flowers. Let's learn the basic **farger.** Once you have read through **listen** on the next
colors   list the
(seed-uh) *(may)* *(haund)* *(aw)*
side, cover the **norsk med** your **hånd, og** practice writing out the **norsk** next to the
page   hand
(paw) *(aw) (paw)*
engelsk. Notice the similarities (underlined) between the **ord på norsk og på engelsk.**

13

(veet)
hv<u>it</u> = wh<u>it</u>e _____ **Båten er hvit.**
(bawt-en) (ær)
boat the

(sort)
sort = black _____ **Ballen er sort.**
(bahl-en)
ball the

(gool)
gu<u>l</u> = ye<u>ll</u>ow _____ **Bananen er gul.**
(bah-nahn-en)

(ruh)
<u>r</u>ød = <u>r</u>ed _____ **Boka er rød.**
(boke-ah)

(blaw)
<u>bl</u>å = <u>bl</u>ue *blå* **Bilen er blå.**
(beel-en)
car the

(graw)
<u>gr</u>å = <u>gr</u>ay _____ **Elefanten er grå.**
(ay-lay-fahnt-en)

(broon)
<u>b</u>run = <u>b</u>rown _____ **Stolen er brun.**
(stole-en)
chair the

(grun)
<u>gr</u>ønn = <u>gr</u>een _____ **Gresset er grønt.**
(gres-uh) (grunt)
grass the

(lee-ser-ruh)
lyse<u>r</u>ød = pink (light <u>r</u>ed) _____ **Blomsten er lyserød.**
(blohm-sten)
flower the

(flair-far-get)
flerfarget = multi-colored _____ **Lampa er flerfarget.**
(lahm-pah)

Now peel off the next **ti** labels **og** proceed to label these **farger i** your **hus.** Now let's
(tee) *(aw)* *(far-ger)(ee)* *(hoos)*
colors in

practice using these **ord.**

Hvor er den hvite båten? **Der er den _____ båten.**
(vor) (ær) (veet-uh) (bawt-en) *(dær) (ær)*
where there is

Hvor er det grå bordet? **Der er det** *grå* **bordet.**
(day) (bord-uh)

Hvor er den brune stolen? **Der er den _____ stolen.**
(broon-uh)

Hvor er den hvite ballen? **Der er den _____ ballen.**
(den) (bahl-en)

Hvor er den flerfargete lampa? **Der er den _____ lampa.**
(flair-far-get-uh)

Hvor er den røde boka? **Der er den _____ boka.**
(ruh-duh)(boke-ah)

☐ **en dag** *(dahg)* . . . . day _____
☐ **Danmark** *(dahn-mark)* . . . . Denmark _____
  — hvor de snakker dansk *(dahnsk)* . . . . . where they speak Danish _____
☐ **en dans** *(dahns)* . . . . dance _____
☐ **en datter** *(daht-er)* . . . . daughter _____

Hvor er den grønne *(æer)* *(grun-nuh)* *(duhr-ah)* døra?   Der er den _____ *(dær)* *(æer)* døra.

Hvor er det lyserøde *(day)* *(lee-ser-ruh-duh)* *(hoos-uh)* huset?   Der er det _____ huset.

Hvor er den gule *(gool-uh)* bananen?   Der er den _____ bananen.

Note: **På norsk** *(paw)* the verb for "have" **er "har"** *(æer)* **og** *(aw)* is easy to learn.

jeg har *(yœ-ee)* *(har)* = I have _____	**vi har** *(vee)* *(har)* = we have _____

Let's review **vil ha og** *(aw)* learn **har**.   Repeat each sentence out loud many times.
would like   have

Jeg vil ha et glass øl, takk. *(yœ-ee)* *(glahs)* *(uhl)* *(tuck)*   **Jeg har et glass øl.** *(yœ-ee)* *(har)*

Vi vil ha to glass vin, takk. *(vee)* *(toe)* *(veen)*   **Vi har to glass vin.** *(toe)*

Jeg vil ha et glass vann, takk. *(yœ-ee)*   **Vi har et hus.**

Vi vil ha salaten, takk. *(sah-laht-en)*   **Vi har salaten.**
salad the

Vi vil ha en bil, takk. *(beel)*   **Jeg har et hus i Amerika.** *(yœ-ee)* *(ee)* *(ah-mair-ee-kah)*
car

Vi vil ha en bil i Europa, takk. *(ee)* *(ow-roh-pah)*   **Vi har en bil i Europa.** *(beel)* *(ee)* *(ow-roh-pah)*

Now fill in the following **med** *(may)* the correct form of **"har" eller "vil ha."**
or

Vi har _____ tre biler. *(beel-er)*
(we have)

_____ to teaterbilletter.
(we would like)

_____ et bilde.
(I have)

_____ sju brevkort.
(I would like)

☐ **desember** *(des-em-ber)*	December	_____
☐ **en dessert** *(des-air)*	dessert	_____
☐ **en drikk** *(drik)*	drink	_____
☐ **dum** *(dom)*	dumb	_____
☐ **dyp** *(deep)*	deep	_____

15

(hær) (ær)
Her er a quick review of **farger.** Draw lines between the **norske ord** *(aw)* **og** the correct

farger. On your mark, get set, *GO!*

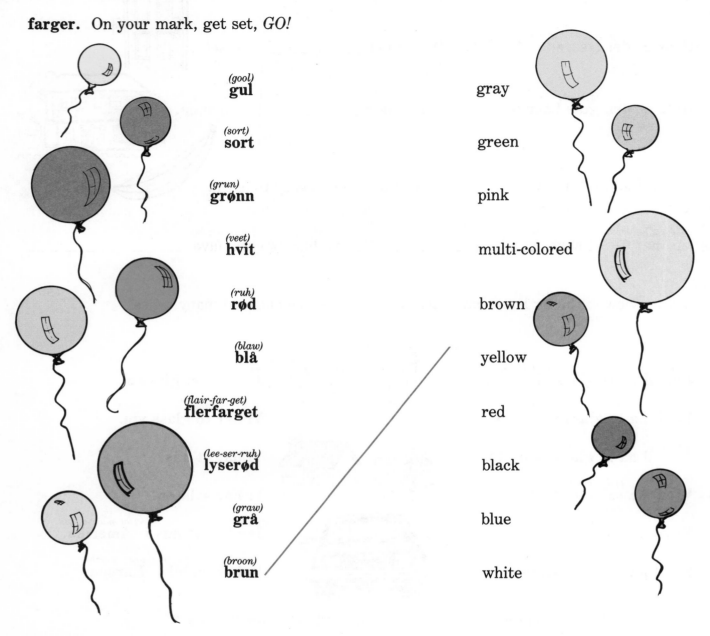

(gool)
gul

(sort)
sort

(grun)
grønn

(veet)
hvit

(ruh)
rød

(blaw)
blå

(flair-far-get)
flerfarget

(lee-ser-ruh)
lyserød

(graw)
grå

(broon)
brun

gray

green

pink

multi-colored

brown

yellow

red

black

blue

white

(paw)
På norsk many plurals **er** formed simply by adding an "r" **eller** an "er." It's easy!

(kloh-kuh) **klokke**	=	clock	*(kloh-ker)* **klokker**	=	clocks
(lahm-puh) **lampe**	=	lamp	*(lahm-per)* **lamper**	=	lamps
(stole) **stol**	=	chair	*(stole-er)* **stoler**	=	chairs

☐ **et egg** *(egg)* . . . . egg

☐ **et eksempel** *(ek-sem-pel)* . . . . example

☐ **en eksport** *(ek-sport)* . . . . export

☐ **ekstra** *(ek-strah)* . . . . extra

16 ☐ **elektrisk** *(el-ek-trisk)* . . . . electric

(peng-er)
Penger
money

Before starting this Step, go back **og** *(aw)* review Step 4. Make sure you can count to **tjue** *(hyoo-uh)*

without looking back at **boken** *(boke-en)*. Let's learn the larger **nummer** *(nohm-mer)* now, so if something costs
book the

more than **norske** *(nawrsh-kuh)* **kroner** *(kroh-ner)* 20 you will know exactly **hvor** *(vor)* **mye** *(mee-uh)* it **koster** *(coast-er)*. After practicing
costs

aloud **de** *(dee)* **norske** *(nawrsh-kuh)* **numrene** *(nohm-ren-uh)* 10 through 1000 below, write these **nummer** *(nohm-mer)* in the blanks
numbers the

provided. Again, notice the similarities between **nummer** *(nohm-mer)* such as **fem** *(fem)* (5), **femten** *(fem-ten)* (15) **og** *(aw)*

femti *(fem-tee)* (50).

10	**ti** *(tee)*	(**fire** + **seks** = **ti**) *(fear-uh)*	10	_ti_
20	**tjue** *(hyoo-uh)*	(**to** = 2) *(toe)*	20	
30	**tretti** *(tret-tee)*	(**tre** = 3) *(tray)*	30	
40	**førti** *(fur-tee)*	(**fire** = 4)	40	
50	**femti** *(fem-tee)*	(**fem** = 5)	50	
60	**seksti** *(sex-tee)*	(**seks** = 6)	60	
70	**sytti** *(suh-tee)*	(**sju** = 7) *(shoe)*	70	
80	**åtti** *(aw-tee)*	(**åtte** = 8)	80	
90	**nitti** *(nit-tee)*	(**ni** = 9) *(nee)*	90	
100	**hundre** *(huhn-druh)*	(**tjue** + **åtti** = **hundre**)	100	
1000	**tusen** *(too-sen)*	(**fem hundre** + **fem hundre** = **tusen**)	1000	

Now take a logical guess. **Hvordan** *(vor-dahn)* would you write (**og** *(aw)* say) the following?
how

Svarene *(svah-ren-uh)* **er** *(ær)* at the bottom of **siden** *(seed-en)*.
answers the   are   page the

400 _____   700 _____

2000 _____   5300 _____

The unit of currency *(ee)* **i** *(nawr-guh)(ær)(nawrsh-kuh)* **Norge er norske** *(krone-er)* **kroner**, abbreviated **Nkr or kr.** Bills are called

(sed-ler) **sedler** *(aw)* **og** coins in general are called *(mint-er)* **mynter.** Just as **en amerikansk dollar** *(ah-mair-ee-kahnsk)(doh-lahr)* can be broken
American

down into 100 pennies, a *(krone-uh)* **krone** can be broken down into 100 *(ur-uh)* **øre.** A coin is called a

(stik-uh) **stykke** *(aw)* **og** *(fem)* **fem** and *(tee)* **ti krone** bills are often called **en femmer** *(fem-mer)* and **en tier** *(tee-er)*. Let's learn the
fem   ten   fiver   tener

various kinds of **sedler og mynter** (or **småpenger**) *(smaw-peng-er)*. Always be sure to practice the **ord** out
change

loud. You might want to exchange some money **nå** *(naw)* so that you can familiarize yourself
now

(may) **med** the various types of **penger** *(peng-er)*.

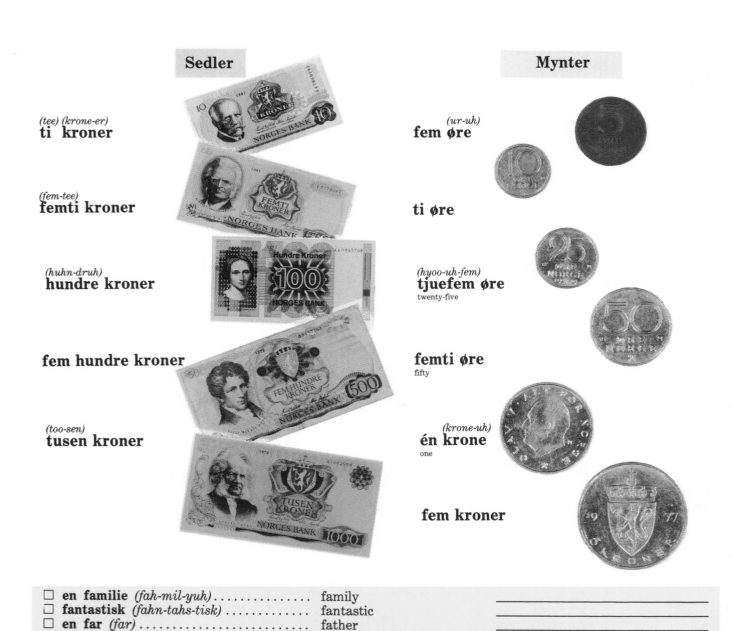

Sedler

ti kroner *(tee) (krone-er)*

femti kroner *(fem-tee)*

hundre kroner *(huhn-druh)*

fem hundre kroner

tusen kroner *(too-sen)*

Mynter

fem øre *(ur-uh)*

ti øre

tjuefem øre *(hyoo-uh-fem)*
twenty-five

femti øre
fifty

én krone *(krone-uh)*
one

fem kroner

☐ **en familie** *(fah-mil-yuh)*	family	_____
☐ **fantastisk** *(fahn-tahs-tisk)*	fantastic	_____
☐ **en far** *(far)*	father	_____
☐ **en fasong** *(fah-sohng)*	fashion, clothes style	_____
☐ **en feber** *(fay-ber)*	fever	_____

Review **nummer** *(nohm-mer)* **ti** *(tee)* through **tusen** *(too-sen)* again. **Nå, hvordan** *(naw) (vor-dahn)* do you say "twenty-two" **eller**

numbers   now   how

"fifty-three" **på norsk?** It's just like **engelsk** except that **nummer** up to 100 are written

as one **ord.** See if you can say **og** *(aw)* write out **numrene** *(nohm-ren-uh)* on this **side.** *(seed-uh)*

numbers the   page

a. 25 = _____ (20 + 5)	e. 36 = *trettiseks* _____ (30 + 6)
b. 47 = _____ (40 + 7)	f. 93 = _____ (90 + 3)
c. 84 = _____ (80 + 4)	g. 68 = _____ (60 + 8)
d. 51 = _____ (50 + 1)	h. 72 = _____ (70 + 2)

To ask how much something **koster** *(coast-er)* **på norsk** one asks, **"Hvor mye** *(mee-uh)(coast-er)* **koster det?"** *(day)* **Nå** *(naw)*

now

answer the following questions based on **numrene** *(nohm-ren-uh)* in parentheses.

numbers the

1. **Hvor mye koster det?** *(vor) (mee-uh)(coast-er) (day)*
   how   much   costs   that

   Det *(day)* **koster** *(coast-er)* _____ **kroner.** *(krone-er)*
   (10)

2. **Hvor mye koster det?**

   Det koster _____ **kroner.**
   (20)

3. **Hvor mye koster boka?** *(boke-ah)*
   book the

   Den *(den)* **koster** _____ **kroner.**
   (17)

4. **Hvor mye koster brevkortet?** *(brev-kort-uh)*
   postcard the

   Det koster *to* _____ **kroner.**
   (2)

5. **Hvor mye koster filmen?** *(film-en)*
   film the

   Den koster _____ **kroner.**
   (5)

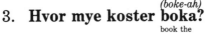

6. **Hvor mye koster rommet?** *(rom-uh)*
   room the

   Det koster _____ **kroner.**
   (100 + 50)

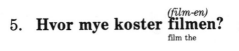

7. **Hvor mye koster bildet?** *(bild-uh)*

   Det koster _____ **kroner.**
   (1324)

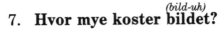

19

Step 7

(ee)(dahg)	*(ee)(maw-ren)*	*(gore)*
I Dag, I Morgen og I Går		
today	tomorrow	yesterday

(kah-len-der-en)
Kalenderen
calendar the

(oo-kuh) *(shoe)* *(dahg-er)*
En uke har sju dager.
week days

(mahn-dah)	*(teers-dah)*	*(ohns-dah)*	*(tors-dah)*	*(fray-dah)*	*(lur-dah)*	*(suhn-dah)*
mandag	**tirsdag**	**onsdag**	**torsdag**	**fredag**	**lørdag**	**søndag**
1	2	3	4	5	6	7

(day) (ær)(may-get) *(dahg-er)* *(dahg)*
Det er meget important to know the **dager** of the week **og** the various parts of the **dag.**
it is very days day

Let's learn them. Be sure to say them aloud many times before filling in the blanks below.

(oo-kuh) *(mahn-dah)*
Norwegians begin counting their **uke** on Monday with **mandag.**
week

(mahn-dah)	*(teers-dah)*
mandag *mandag*	**tirsdag** _____
(ohns-dah)	*(tors-dah)*
onsdag _____	**torsdag** _____
(fray-dah)	*(lur-dah)*
fredag _____	**lørdag** _____
(suhn-dah)	
søndag _____	

(ee)(dahg)(ær) *(ee)(maw-ren)(ær)* *(ee)(gore)* *(naw)*
If **i dag er onsdag,** then **i morgen er torsdag og i går var tirsdag. Nå,** you supply the
was

(maw-ren) *(gore)*
correct **svar.** If i dag er mandag, then i morgen er _____ og i går var _____.
was

Or, if i dag er mandag, then _____ er tirsdag og *i går* var søndag.
was

(vah)
Hva er i dag? I dag er _____.

(naw) *(shoe)* *(kah-len-der)* *(naw)*
Nå, peel off the next **sju** labels **og** put them on **en kalender** you use every day. From **nå**

(ær)
on, Monday **er "mandag"!**

☐ **februar** *(fay-broo-ahr)*	February	_____
☐ **fersk** *(færshk)*	fresh	_____
☐ **en fest** *(fest)*	festival, party	_____
☐ **fet** *(fet)*	fat	_____
☐ **en film** *(film)*	film, movie	_____

There **er fire** *(ær) (fear-uh)* parts to each **dag**. *(dahg)*

---

morning = **morgen** *(maw-ren)* _____

afternoon = **ettermiddag** *(et-ter-mid-ahg)* _____

evening = **kveld** *(kvel)* *kveld, kveld, kveld, kveld*

night = **natt** *(naht)* _____

Notice that **i morgen** *(ee) (maw-ren)* means "tomorrow" and **morgen** means "morning" **på norsk.** Also, **når** speaking of the time **i dag du** say **i morges, i ettermiddag og i kveld. Nå,** fill in the
today — *(ee) (maw-res)* this (today) morning — *(et-ter-mid-ahg)* this afternoon — *(kvel)* this evening
following blanks **og** then check your **svar** at the bottom of **siden.** *(seed-en)* page the

a.	Sunday morning	= _____
b.	Friday evening	= *fredag kveld*
c.	Saturday evening	= _____
d.	Monday morning	= _____
e.	Wednesday morning	= _____
f.	Tuesday afternoon	= _____
g.	Thursday afternoon	= _____
h.	Thursday night	= _____
i.	yesterday evening	= _____
j.	this (today) morning	= _____
k.	tomorrow evening	= _____
l.	tomorrow afternoon	= _____
m.	yesterday afternoon	= _____
n.	yesterday evening	= _____

SVAR

	j. i morges	e. onsdag morgen
n. i går kveld	i. i går kveld	d. mandag morgen
m. i går ettermiddag	h. torsdag natt	c. lørdag kveld
l. i morgen ettermiddag	g. torsdag ettermiddag	b. fredag kveld
k. i morgen kveld	f. tirsdag ettermiddag	a. søndag morgen

21

So, *(may)* **med** merely **elleve** *(elv-uh)* **ord,** you can specify any **dag** *(dahg)* of the **uke** **og** *(oo-kuh)* any time of the **dag.**

Ordene *(ord-en-uh)* **i dag,** **i morgen** *(maw-ren)* **og i går** will be **meget** *(may-get)* important for you in making reservations
words the

og appointments, in getting **teaterbilletter** *(tay-ah-ter-bil-let-er)* **og** many **ting** you will wish to do. Knowing
theater tickets

the parts of the **dag** will help you to learn **og** understand the various **norske** *(nawrsh-kuh)* greetings

below. Practice these every **dag nå** until your trip.

good morning	=	**god morgen** *(go) (maw-ren)*
good afternoon	=	**god ettermiddag** *(go) (et-ter-mid-ahg)*
good night	=	**god natt** *(naht)*
good day (hello)	=	**god dag** *(dahg)*
How are you?	=	**Hvordan har du det?** *(doo) (day)*

Take the next **fire** labels **og** stick them on the appropriate **ting** in your **hus.** *(hoos)* How about the

bathroom mirror **for** *(for)* **god morgen? Eller** the front door **for god ettermiddag? Eller** your
for

alarm clock **for god natt?** Remember that whenever you enter small shops **og** stores **i**
for

Norge *(nawr-guh)* you will hear the appropriate greeting for the time of day. Don't be surprised. **Det** *(day)*
it

er *(ær)* a **meget** *(may-get)* friendly **og** warm custom. Everyone greets everyone **og** you should too, if you
is

really want to enjoy **Norge!** You **er** *(ær)* about one-fourth of your way through **boken og det** *(boke-en) (day)*
book the

er *(ær)* a good time to quickly review **ordene** *(ord-en-uh)* you **har** learned before doing the crossword puzzle
words the   have

on the next **side. God** *(seed-uh) (go)* **fornøyelse og lykke til!** *(for-noy-el-suh) (lik-uh)*
have   fun   good luck

SVAR TO CROSSWORD PUZZLE (KRYSSORD OPPGAVE)

ACROSS		DOWN	
1. hvit	16. Oslo	1. bilde	16. norsk
2. er	17. i går	2. ord	17. takk
3. lørdag	18. postkasse	3. vinduet	18. atten
4. badeværelse	19. sort	4. hund	19. og
5. tirsdag	20. egg	5. garasje	20. rød
6. lampe	21. onsdag	6. bord	21. god kveld
7. tjuetre	22. jente	7. hvorfor	22. ni
8. kjeller	23. bil	8. ettermiddag	23. gul
9. kvinner	24. førtito	9. eller	24. smør
10. grå	25. Europa	10. i morgen	25. posten
11. har	26. klokke	11. natt	26. hvor
12. brevkort	27. dør	12. blå	27. øre
13. hundreåttifem	28. penger	13. vi	28. papir
15. to	29. fire	14. båt	
		15. totusen	

CROSSWORD PUZZLE (KRYSSORD OPPGAVE)

(krees-ord) *(ohp-gah-vuh)*

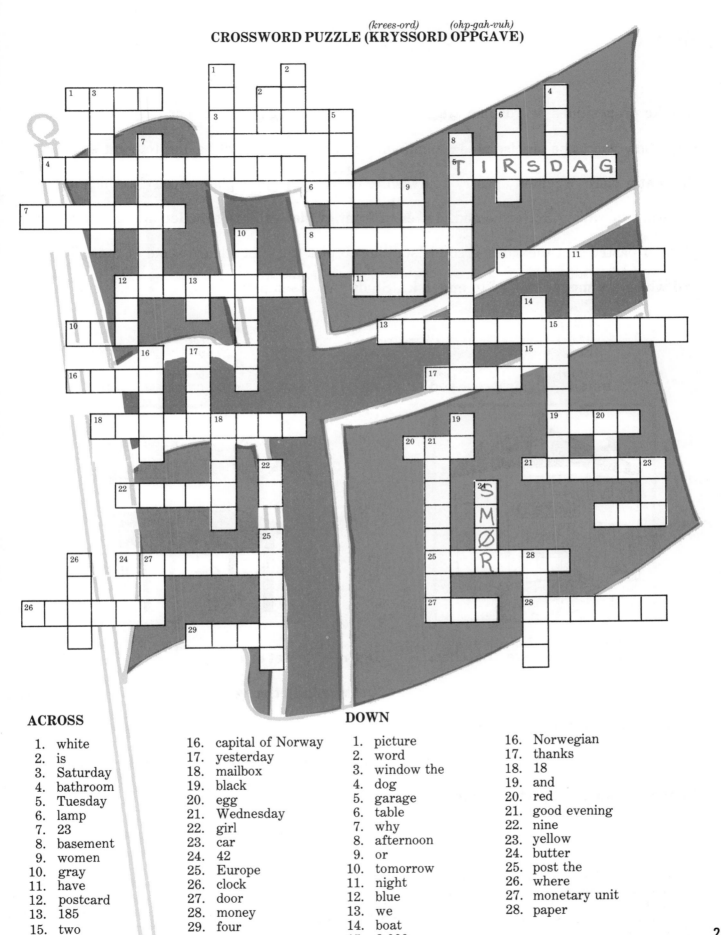

ACROSS

1. white
2. is
3. Saturday
4. bathroom
5. Tuesday
6. lamp
7. 23
8. basement
9. women
10. gray
11. have
12. postcard
13. 185
15. two
16. capital of Norway
17. yesterday
18. mailbox
19. black
20. egg
21. Wednesday
22. girl
23. car
24. 42
25. Europe
26. clock
27. door
28. money
29. four

DOWN

1. picture
2. word
3. window the
4. dog
5. garage
6. table
7. why
8. afternoon
9. or
10. tomorrow
11. night
12. blue
13. we
14. boat
15. 2,000
16. Norwegian
17. thanks
18. 18
19. and
20. red
21. good evening
22. nine
23. yellow
24. butter
25. post the
26. where
27. monetary unit
28. paper

23

Step 8

(ee) *(paw)* *(oon-er)*
I, På, Under . . .
in   on   under

Norske prepositions (words like "in," "on," "through," **og** *(aw)* "next to") **er** *(ær)* easy to learn **og**

they allow you to be precise **med** *(may)* a minimum of effort. Instead of having to point **seks**

times at a piece of yummy pastry you wish to order, you can explain precisely which one

you want by saying **det er** *(day)* *(ær)* behind, **det er** *(day)* *(ær)* in front of, **det er** next to, **eller det er** under the
it

piece of pastry that the salesperson is starting to pick up. Let's learn some of these little

ord which are **meget** *(may-get)* similar to **engelsk**. Study the **eksempler** *(ek-sem-pler)* below.
very   examples

inn i *(in)(ee)*	= into	**ut av** *(oot)(ahv)*	= out of	**under** *(oon-er)*	= under
inne i *(in-uh)(ee)*	= inside	**ved siden av** *(vay)(seed-en)(ahv)*	= next to	**over** *(aw-ver)*	= over

Mannen går *(gore)* **inn i det nye** *(nee-uh)* **hotellet.** *(hoh-tel-uh)*
goes   new   hotel the

Kvinnen kommer *(kohm-er)* **ut av** *(oot)(ahv)* **det gode** *(go-uh)* **hotellet.**
woman the   comes   good

Legen *(lay-gen)* **er inne i det gode hotellet.**
doctor the

Det nye bildet *(nee-uh)(bild-uh)* **er over bordet.** *(aw-ver)(bord-uh)*
                              is
Det nye bildet er ved siden av *(vay)(seed-en)(ahv)* **den grønne klokka.** *(grun-uh)*

Den grå hunden *(hoond-en)* **er under** *(oon-er)* **det brune bordet.** *(broon-uh)*

Det brune bordet er over *(aw-ver)* **den grå hunden.**

Den grønne klokka *(grun-uh)* **er over** *(aw-ver)* **bordet.**

Den grønne klokka er ved siden av bildet.

☐ **fin** *(feen)*	fine	_____
☐ **en finger** *(fing-er)*	finger	_____
☐ **en fisk** *(fisk)*	fish	_____
☐ **et folkemuseum** *(fohl-kuh-moo-say-oom)* . . .	folklore museum	_____
☐ **et foto** *(foe-toe)*	photograph	_____

Fill in the blanks below **med** *(may)* the correct prepositions according to **bildet** *(bild-uh)* on the

previous **side.** *(seed-uh)*
page

Mannen går *(gore)* _____ **det nye** *(nee-uh)* **hotellet.** *(hoh-tel-uh)*   **Den grå hunden er** *under* **bordet.**

Den grønne klokka er _____ **bordet.**   **Legen er** *(lay-gen)* _____ **det gode** *(go-uh)* **hotellet.**

Den grønne klokka er _____ **bildet.**   **Det nye bildet er** _____ **bordet.**

Det brune bordet er *(day)* _____ **bildet.**   **Det nye bildet er** _____ **klokka.**

Kvinnen kommer ____ **det gode** *(go-uh)* **hotellet.**   **Det brune bordet er** ____ **den grå hunden.**

Nå, answer the questions based on **bildene** *(bild-en-uh)* on the previous **side.** *(seed-uh)*
pictures the

Hvor er legen? *(vor) (ær) (lay-gen)* _____

Hvor er hunden? _____

Hvor er bordet? *Bordet er over den grå hunden.*

Hvor er bildet? _____

Hva gjør kvinnen? *(vah) (yur)* _____
what   does

Hva gjør mannen? *(yur)* _____
does

Er klokka grønn? *(grun)* _____

Er hunden grå? _____

☐ **en fottur** *(foh-toor)* .... hike, "foot tour"
☐ **fra** *(frah)* .... from
☐ **Frankrike** *(frahnk-reek-uh)* .... France
    — hvor de snakker fransk *(frahnsk)*
☐ **fri** *(free)* .... free

25

Nå for some more practice *(may)* **med norske** prepositions!

(paw)
på _____
on/at/in

(mel-ohm)
mellom _____
between

(for-ahn)
foran _____
in front of

(bahk)
bak _____
behind, in back of

Say the sentences below several times out loud *(aw)* **og** then fill in the blanks **med** the correct

preposition.

(glahs-uh) *(paw)*
Glasset er på bordet.
glass the

Glasset er _____ bordet.

(flair-far-get-uh) *(vay-gen)*
Det flerfargete bildet er på veggen.

Det flerfargete bildet er _____ veggen.

(gool-uh) *(bahk)*
Den gule lampa er bak bordet.

Den gule lampa er _bak_ bordet.

(for-ahn) *(seng-ah)*
Det brune bordet er foran senga.
bed the

Det brune bordet er _____ senga.

(mel-ohm)
Den gule lampa er mellom bordet og senga.

Den gule lampa er ____ bordet og senga.

Answer the following questions, based on **bildet,** by filling in the blanks **med** the correct
prepositions. Choose the prepositions from those you **har** just learned.
have

Hvor er den røde boka?

Den røde boka er _____ det brune bordet.

(boos-en)
Hvor er den blå bussen?
bus the

Den blå bussen er _____ det grå hotellet.

☐ **en garasje** *(gah-rah-shuh)* . . . . garage _____
☐ **gin** *(dshin)* . . . . gin _____
☐ **gjest** *(yest)* . . . . guest _____
☐ **glad** *(glah)* . . . . glad, happy _____
☐ **et gram** *(grahm)* . . . . gram _____

26

Hvor er den grå telefonen? *(tay-lay-fohn-en)* telephone the Hvor er det grønne teppet? *(tep-puh)* Hvor er bildet?

Den grå telefonen er **på** *(ær)* _____ den hvite veggen. *(veet-uh) (vay-gen)*

Den grå telefonen er _____ det flerfargete bildet. *(flair-far-get-uh)*

Den grå telefonen er _____ det sorte bordet. *(sort-uh)* black

Det grønne teppet er *(grun-uh)* _____ det sorte bordet.

Bildet er _____ den hvite veggen. *(veet-uh) (vay-gen)*

Nå, fill in each blank on **hotellet** below **med** *(may)* the best possible preposition. The correct

svar er *(ær)* at the bottom of **siden.** *(seed-en)* **God** *(go)* **fornøyelse!** *(for-noy-el-suh)* have fun

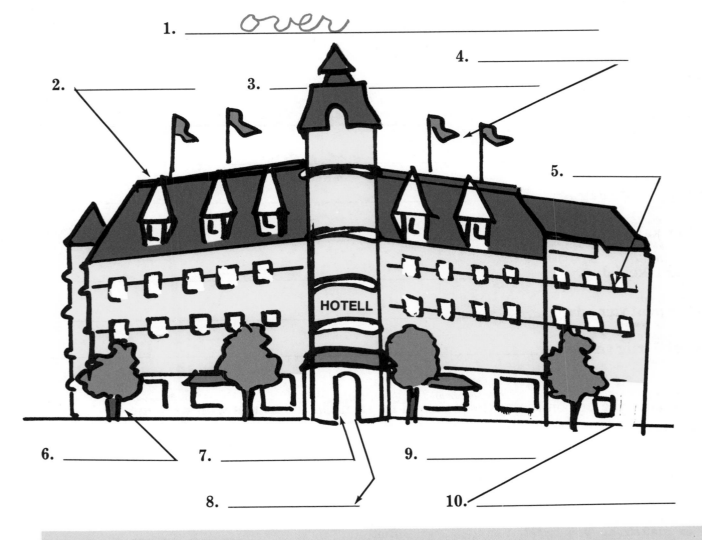

1. **over**

2. _____

3. _____

4. _____

5. _____

6. _____

7. _____

8. _____

9. _____

10. _____

HOTELL

Step 9

(yah-noo-ahr) *(fay-broo-ahr)* *(marsh)*
Januar, Februar, Mars

(dahg-er) *(ah-preel)* *(yoo-nee)*
Tretti dager har september, april, juni og november
days

(dahg-en-uh) *(oo-kuh)* *(day)* *(mawn-den-uh)*
Sound familiar? You **har** learned **dagene** of the **uke,** so **nå er det** time to learn **månedene**
have / days the / week / months the

(ee) (ore-uh) *(vær)* *(ek-sem-pel)*
i året og all the different kinds of **vær** on your holiday. **For eksempel,** you ask about the
in year the / weather

(vær) (ee) *(vor-dahn)* *(vær-uh)*
vær i Norge just as you would **på engelsk:** "Hvordan er været i dag?" Practice all the
how / weather the today

(saw) *(svah-ren-uh)*
possible **svar** to this question **og så** write **svarene** in the blanks below.
then / answers the

(vær-uh)
Hvordan er været i dag?

(day) (rine-er)
Det regner i dag. _____
rains

(snuhr)
Det snør i dag. _____
snows

(blaw-sir)
Det blåser i dag. *Det blåser i dag.* _____
blows

(vahrmt)
Det er varmt i dag. _____
warm

(kahlt)
Det er kaldt i dag. _____
cold

(taw-ket)
Det er tåket i dag. _____
foggy

(pent)
Det er pent vær i dag. _____
nice weather

(dore-lee)
Det er dårlig vær i dag. _____
bad

(seed-uh) *(saw)* *(nahv-nen-uh)*
Nå practice the **ord** on the next **side** aloud **og så** fill in the blanks with **navnene** of
then / names the

(mawn-den-uh) *(ore-uh)*
månedene og the appropriate **vær** report. Notice that **på norsk, månedene i året og**
months the / year

(oo-kuh)
dagene of the **uke** are not capitalized.

☐ **en grapefrukt** *(grep-fruhkt)*	grapefruit	_____
☐ **gresk** *(gresk)*	Greek	_____
☐ **gud** *(gude)*	God	_____
☐ **et gull** *(guhl)*	gold	_____
☐ **ei gås** *(gawss)*	goose	_____

(ee) (yah-noo-ahr)
i januar _____

(day) (snuhr)
Det snør i januar. _____

(fay-broo-ahr)
i februar _____

(aw-saw)
Det snør også i februar. _____
also

(marsh)
i mars _____

(rine-er)
Det regner og snør i mars. _____

(ah-preel)
i april _____

(ah-preel)
Det regner i april. _____

(my)
i mai *i mai*

(blaw-sir)
Det blåser i mai. _____
blows

(yoo-nee)
i juni _____

(aw-saw)
Det blåser også i juni. _____
also

(yoo-lee)
i juli _____

Det er varmt i juli. *Det er varmt i juli.*

(ow-goost)
i august _____

Det er også varmt i august. _____

(sep-tem-ber)
i september _____

Det er pent vær i september. _____

(ohk-toe-ber)
i oktober _____

(taw-ket)
Det er tåket i oktober. _____

(no-vem-ber)
i november _____

Det er kaldt i november. _____

(des-em-ber)
i desember _____

(dore-lee)
Det er dårlig vær i desember. _____

Nå, answer the following questions based on **bildene** *(bild-en-uh)* to the right.
pictures the

(ær)(vær-uh)
Hvordan er været i februar? *Det snør i februar.*

Hvordan er været i april? _____

Hvordan er været i mai? _____

Hvordan er været i august? _____

Er været i dag pent eller dårlig? _____

☐ **halv** *(hahl)* .... half _____
☐ **handlebag** *(hahnd-luh-bæg)* .... shopping bag _____
☐ **hard** *(hard)* .... hard _____
— **hardkokt** *(hard-kohkt)* .... hard-boiled _____
☐ **en hatt** *(haht)* .... hat _____

29

Nå for the seasons **i** *(ore-uh)* **året** . . .
in year

(vint-er-en) **vinteren** winter the	*(sohm-er-en)* **sommeren** summer the	*(hust-en)* **høsten** autumn the	*(vore-en)* **våren** spring the

Det er kaldt *(ohm)* **om vinteren.** in	**Det er varmt** *(ohm)* **om sommeren.** in	*(blaw-sir)* **Det blåser** *(hust-en)* **om høsten.**	*(rine-er)* **Det regner** *(vore-en)* **om våren.**

At this point, **det er en** *(go)* **god** *(ee-day)* **idé** to familiarize yourself *(may)* **med** *(ow-roh-pay-isk-uh)* **europeiske** *(temp-er-ah-toor-er)* **temperaturer.**
good idea European temperatures

Carefully read the typical **vær** forecasts below **og** study the *(tær-mo-may-ter)* **termometer,** because
thermometer

(temp-er-ah-toor-er) **temperaturer i** *(ee)* *(ow-roh-pah)* **Europa** are calculated on the basis of Centigrade (not Fahrenheit).

(fahr-en-hite) **fahrenheit**	*(sel-see-oos)* **celsius** Centigrade

212° F	——	100° C	*(vahn)* *(koke-er)* **vann koker** water boils
98.6° F	——	37° C	*(krohps-temp-er-ah-toor)* **normal kroppstemperatur** body temperature
68° F	——	20° C	
32.6° F	——	0° C	*(færshk-vahn)* *(free-ser)* **ferskvann fryser** fresh water freezes
0° F	——	-17.8° C	*(sahlt-vahn)* **saltvann fryser** salt water
-10° F	——	-23.3° C	

Temperaturen på mandag, den 21. mars:

> **kaldt og det blåser**
>
> *(grahd-er)*
> **temperaturen: 5 grader**
> degrees

Temperaturen på tirsdag, den 18. juli:

> **pent og varmt**
>
> **temperaturen: 20 grader**

☐ **hei** *(hay)* . . . . hi, hello
☐ **en helligdag** *(hell-ee-dahg)* . . . . holiday
☐ **et hjem** *(yem)* . . . . home
☐ **hjelp** *(yelp)* . . . . help, assistance
☐ **hydrofoilbåt** *(hee-dro-foil-bawt)* . . . . hydrofoil boat

> *(ust)* *(vest)* *(yem-muh)*
> # Øst, Vest, Hjemme Best
> East   West   at home   best

Most **nordmenn** *(nord-men)* have a special second **hjem hvor** *(yem)* they

Norwegians ... home

go as a **familie** *(fah-mil-yuh)* to spend their **sommer eller vinter**

family

holiday. This **hytte** *(hit-tuh)* might be in the forest, **ved siden**

cabin

av a lake **eller** by a **fjord.** *(fjord)* As a traveler **i Norge** you

can enjoy this typically **norske** activity by using the

public **hytter** *(hit-ter)* which are available along many cross-country ski routes. Skiing is a way of

cabins

life **i Norge. Og,** did you know that one of the world's longest ski jumps – the

Holmenkollen – is located right in **Oslo?** First **ting** first – study **bildene** *(bild-en-uh)* below **og så**

write out **de nye ordene** *(dee)* in the blanks on the next **side.** *(seed-uh)*

the

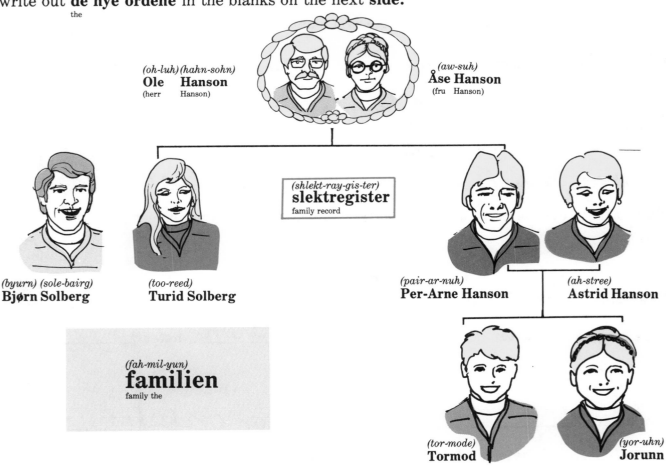

(oh-luh) *(hahn-sohn)*
Ole   Hanson
(herr   Hanson)

(aw-suh)
Åse Hanson
(fru Hanson)

(shlekt-ray-gis-ter)
slektregister
family record

(byurn) *(sole-bairg)*
Bjørn Solberg

(too-reed)
Turid Solberg

(pair-ar-nuh)
Per-Arne Hanson

(ah-stree)
Astrid Hanson

(fah-mil-yun)
familien
family the

(tor-mode)
Tormod

(yor-uhn)
Jorunn

☐ **høy** *(huh-ee)*	high, tall	_____
☐ **ei hånd** *(hawnd)*	hand	_____
— **håndbagasje** *(hawnd-bah-gah-shuh)* ..	hand baggage	_____
et håndverk *(hawnd-vairk)*	hand work, handicraft	_____
☐ **hår** *(hawr)*	hair	_____

31

(best-uh-for-eld-ren-uh)
besteforeldrene
grandparents the

(best-uh-far-en)
bestefaren   *bestefaren*
grandfather the

(best-uh-mor-en)
bestemoren _____
grandmother the

 (bar-nah)
barna
children the

(suhn-en)
sønnen _____
son the

(dah-ter-en)
datteren _____
daughter the

 (for-eld-ren-uh)
foreldrene
parents the

(far-en)
faren _____
father the

(mor-en)
moren _____
mother the

 (shlekt-ning-en-uh)
slektningene
relatives the

(ohnk-el-en)
onkelen _____
uncle the

(tahnt-en)
tanten _____
aunt the

(aw-saw) *(bror)* *(suhs-ter)*
Sønnen og datteren er også bror og søster!
brother   sister

Let's learn how to identify *(fah-mil-yun)* **familien** by *(nahvn)* **navn.** Study the following **eksempler.**

(vah) *(het-er)*
Hva heter faren?
what is called father the

Faren heter *Per-Arne* .

Hva heter moren?

Moren heter *Astrid* .

Nå you fill in the following blanks, based on **bildene,** in the same manner.

Hva heter *sønnen* ?

_____ **heter** _____.

Hva heter _____ ?

Datteren **heter** _____.

Hva heter _____?

_____ **heter** *Turid*.

Hva heter *onkelen* ?

_____ **heter** _____.

☐ **en immigrant** *(im-ih-grahnt)* .... immigrant _____
☐ **immun** *(im-moon)* .... immune _____
☐ **en import** *(im-port)* .... import _____
☐ **Italia** *(ee-tahl-ee-ah)* .... Italy _____
— **hvor de snakker italiensk** *(ee-tahl-ee-ensk)* _____

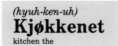
(hyuh-ken-uh)
Kjøkkenet
kitchen the

Study all these **bilder og så** practice

saying **og** writing out **ordene.**

(hyuh-ken-uh)
Det er kjøkkenet.

(hyuh-les-kahp-uh)
kjøleskapet

_____

(kohm-fear-en)
komfyren

_____

(veen-en)
vinen

_____

(uhl-uh)
ølet

_____

(melk-en)
melken

_____

(smuhr-uh)
smøret

_____

Answer these questions aloud.

(ær)
Hvor er ølet? . . . . *(ee)(hyuh-les-kahp-uh)* **Ølet er i kjøleskapet.**
in

Hvor er melken?   **Hvor er vinen?**   **Hvor er smøret?**

☐ **Japan** *(yah-pahn)* . . . .   Japan   _____
   — hvor de snakker japansk *(yah-pahnsk)*   _____
☐ **jazz** *(jahss)* . . . .   jazz   _____
☐ **en jobb** *(yohb)* . . . .   job   _____
☐ **en journalist** *(shuhr-nahl-ist)* . . . .   journalist   _____   **33**

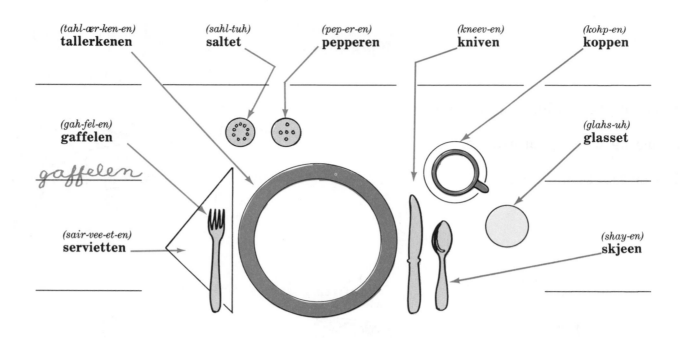

(tahl-ær-ken-en) **tallerkenen**

(sahl-tuh) **saltet**

(pep-er-en) **pepperen**

(kneev-en) **kniven**

(kohp-en) **koppen**

(gah-fel-en) **gaffelen**

gaffelen

(glahs-uh) **glasset**

(sair-vee-et-en) **servietten**

(shay-en) **skjeen**

(skah-puh) **skapet**

(bruh-uh) **brødet**

(tay-en) **teen**

(kah-fen) **kaffen**

brødet

Hvor er brødet? *(bruh-uh)* **Brødet er i skapet.** *(ee)* **Hvor er teen?** *(tay-en)* **Hvor er kaffen? Hvor er saltet?**

Hvor er pepperen? Answer all these questions **og så** open your **bok** *(boke)* to the **side med** *(may)* the

labels **og** remove the next **nitten** labels **og** proceed to label all these **ting på kjøkkenet.** *(hyuh-ken-uh)*
in

Do not forget to use every opportunity to say these **ord** out loud many times. **Det er**

(may-get) (vik-tee)
meget viktig.
important

(hyeer-ken)
Kirken
church the

(ee) *(ær)(day)* *(ray-leeg-yohn-er)* *(vee)* *(fin-er)* *(hær)*
I Norge er det not the wide variety of **religioner** that **vi finner her i Amerika.** Most of
religions   we   find   here

(nord-men) *(ær)* *(hyeer-kuh)* *(ay-vahn-gay-lisk)*
the **nordmenn er** members of **den norske kirke,** the state church, which is **evangelisk-**
Norwegians   Evangelical

(lute-ershk) *(ray-leeg-yohn-er)*
luthersk. The major **religioner på norsk er:**
Lutheran

(kah-tohlsk)
1. **katolsk** _katolsk_
Catholic

(pro-test-ahn-tisk)
2. **protestantisk** _____
Protestant

(yuh-disk)
3. **jødisk** _____
Jewish

(hær) *(hyeer-kuh)*
Her er en kirke i Norge. Er det en
is   it

(hyeer-kuh)
katolsk eller en protestantisk kirke? Er

(nee) *(næ-ee)*
det en ny kirke? Nei, det er en meget
new   no

(gah-mel) *(stahv-hyeer-kuh)*
gammel kirke. Det er en stavkirke. You
old   stave church

should make a point of visiting one of these

(pen-uh) *(hyeer-ker)*
unique **og pene kirker** during your holiday
pretty

i Norge.

(yœ-ee) *(ær)*
Nå, let's learn how to say "I am" **på norsk:**   I am = **jeg er** _____

(yœ-ee) *(ær)*
Practice saying "**jeg er**" **med** the following **ord,** always remembering the "a" in "cat"

for the "**œ**" sound. **Nå,** write each sentence for more practice.

(yœ-ee) *(ær)*
Jeg er katolsk. _____   **Jeg er protestantisk.** _____

(lute-ershk) *(ah-mair-ee-kahnsk)*
Jeg er evangelisk-luthersk. _____   **Jeg er amerikansk.** _____

(ee)(ow-roh-pah)
Jeg er i Europa. _____   **Jeg er i Norge.** _____
in

☐ **en kilo** *(hyee-lo)* .... kilo   _____
☐ **Kina** *(hyee-nah)* .... China   _____
   — **hvor de snakker kinesisk** *(hyee-nay-sisk)*   _____
☐ **klar** *(klahr)* .... clear, ready   _____
☐ **en klasse** *(klah-suh)* .... class   _____

(yœ-ee) *(œr)*
Jeg er i kirken. _____

(hyuh-ken-uh)
Jeg er på kjøkkenet. _____

(mor-en)
Jeg er moren. _____

(far-en)
Jeg er faren. _____

Jeg er på hotellet. _____

Jeg er på restauranten. _____

(suhl-ten)
Jeg er sulten. *Jeg er sulten.*
hungry

(tursht)
Jeg er tørst. _____
thirsty

Nå identify all **menneskene på bildet** by writing **det riktige norske ordet** for each
(men-es-ken-uh) people the / in / *(bild-uh)* picture the / *(day)* the *(rik-tee-uh)* right/correct / *(ord-uh)* word

(men-es-kuh)
menneske on the line with the corresponding **nummer under bildet.**
person *(oon-er)*

1. _____   2. _____

3. _____   4. _____

5. *tanten* _____   6. _____

7. _____

Remember that the Norwegian **"æ"** is pronounced like the **a** in "cat" or "hat." This **æ**
(yœ-ee)
is used in **jeg.** Practice saying "cat" **og** then **et norsk ord** with **æ,** such as

(vær) *(œr)* *(hær)* *(yœ-ee)*
vær, er, her, jeg.
weather is here I

☐ **en klubb** *(kluhb)*	club		
☐ **et kne** *(knay)*	knee		
☐ **et kompass** *(kohm-pahs)*	compass		
☐ **en konge** *(kong-uh)*	king		
☐ **en konsert** *(cone-sairt)*	concert		

(lær)
Lær!
learn

(ahl-er-red-uh)
You **har allerede** used the verbs **har og vil ha, koster, finner, koker, kommer, går, og**
have *(coast-er)* *(koke-er)* *(kohm-er)* *(gore)*

(ær) *(may)*
er. Although you might be able to "get by" **med** these verbs, let's assume you want to do

(bed-ruh)
bedre than that. First, a quick review.
better

How do you say ⬛ **"I"** **på norsk?** *jeg* How do you say ⬛ **"we"** **på norsk?** _____

(toe)
Compare these **to** charts
two

(lær)
meget carefully **og lær** these
learn

(aw-tuh)
åtte ord to the right.
eight

I =	*(yœ-ee)* **jeg**		we =	*(vee)* **vi**
he =	*(hahn)* **han**		you =	*(doo)* **du**
she =	*(huhn)* **hun**		they =	*(dee)* **de**
it =	*(day) (den)* **det/den**			

(eng-elsk-uh) *(doo)*
Nå draw lines **mellom** the matching **engelske og norske ord** below to see if **du** can keep
between you

these **ord** straight in your mind.

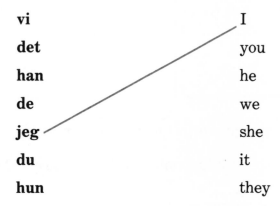

vi	I
det	you
han	he
de	we
jeg	she
du	it
hun	they

(stik-uh) *(pah-peer)*
Nå close **boken og** write out both columns of the above practice on **et stykke papir.** How
piece of

(brah) *(dore-lee)* *(ick-uh) (saw)* *(doo)*
did you do? **Bra eller dårlig? Bra eller ikke så bra?** **Nå** that **du** know these **ord, du** can
well badly not so well

say almost anything **på norsk med** one basic formula: the "plug-in" formula. With this

(doo)
formula, you can correctly use any **ord du** wish.

☐ **konsulat** *(cone-sue-laht)*	consulate	_____	
☐ **kontaktlinser** *(cone-tahkt-lin-ser)*	contact lenses	_____	
☐ **korrekt** *(koh-rekt)*	correct	_____	
☐ **en krystall** *(kree-stahl)*	crystal	_____	
☐ **en kultur** *(kool-toor)*	culture	_____	

To demonstrate, let's take **seks** basic, practical **og** familiar verbs **og** see how the "plug-in" formula works. Write _(vair-ben-uh)_ **verbene** in the blanks below after _(doo)_ **du har** practiced saying them out loud many times.

<small>verbs the</small>   <small>have</small>

(kohm-er)
kommer = come/comes

(gore)
går = go/goes
walk/walks

(lær-er)
lærer = learn/learns

<u>*kommer*</u>   _____   _____

(treng-er)
trenger = need/needs

(har)
har = have/has

(leek-er)
liker = like/likes

_____   _____   _____

Study the following patterns carefully.

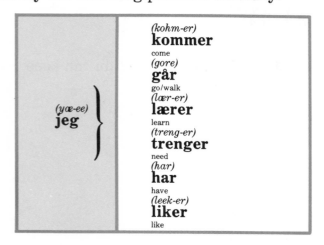

Note: • Nearly all your Norwegian verbs end in -r or -er.

        • Notice _(aw-saw)_ **også** that each verb has only one form. Easy? _(yah)_ **Ja!**
<small>also</small>   <small>yes</small>

(vair-ben-uh)
De norske verbene er easy **og** _(may-get)_ **meget** useful. Try to use them all even if it takes a little extra time to learn to say them correctly. **Og** remember – the **nordmenn** will be delighted
<small>Norwegians</small>
that _(doo)_ **du** have taken the time to learn their language.

Nå, take a few minutes to practice out loud your **seks** _(nee-uh)_ **nye** _(vairb)_ **verb.** Can you say "I like Norway," "I learn Norwegian" **og** "I need help"?

□ **et lam** _(lahm)_ .... lamb   _____
□ **et land** _(lahnd)_ .... land, country   _____
□ **en latter** _(lah-ter)_ .... laughter   _____
   — **en god latter forlenger livet** .... a good laugh prolongs life   _____
□ **en legitimasjon** _(lay-gee-tee-mah-shone)_ ... legitimation, identification (card)   _____

Nå for more practice **med** "**vi**," *(vee)* "**du**" *(doo)* **og** "**de**"! *(dee)*
you   they

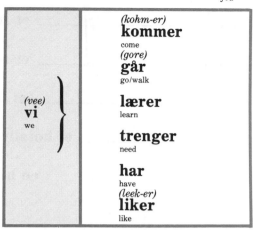
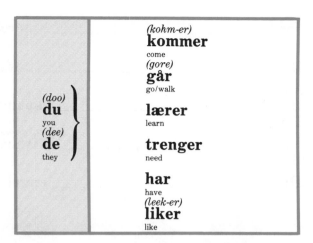

Do **du** *(doo)* remember "**vil ha**"? **Her er** other **ting du** can do **med** "**vil**." Look at all **du** can say.

Jeg *(yœ-ee)* **går** *(gore)* **i banken.**
go   to bank the

Du *(doo)* **lærer** *(lœr-er)* **norsk.**
learn

Jeg vil *(yœ-ee)* **gå** *(gaw)* **i banken, takk.**
would like to go

Du vil lære *(lœr-uh)* **norsk.**
would like to learn

Note that the verb following **vil** loses its -r. **Nå** try these.

1. **Vi kommer i morgen.** Vi _____ i ˙ morgen.
would like to come

2. **Jeg lærer norsk.** Jeg _____ norsk.
would like to learn

Nå fill in the following blanks **med** the correct form of the **verb** *(vairb)* shown. Each time **du**

write out the sentence, be sure to say it aloud, **også.**
also

kommer *(kohm-er)*
come

går *(gore)*
go/walk

Jeg _*kommer*_ **fra** *(frah)* Amerika.
from

Jeg _____ i parken. *(park-en)*
in park the

Du _____ fra Amerika.

Du _*går*_ i parken.

Han
Hun _____ fra Amerika.
Det

Han
Hun _____ inn i hotellet.
Det

Vi _____ fra Amerika.

Vi _____ i banken.

De _____ fra Amerika.

De _____ i bilen.

☐ **lenge** *(leng-uh)* . . . . long (time) _____
☐ **lik** *(leek)* . . . . alike, equal _____
☐ **en linje** *(lin-yuh)* . . . . line, phone extension _____
☐ **litt** *(lit)* . . . . a little, some _____
☐ **en litteratur** *(lit-er-ah-toor)* . . . . literature _____

(lær-er)
lærer
learn

Jeg _____ norsk.

Du _____ norsk.

Han
Hun _____ *(spahnsk)* spansk.
Det

Vi _____ *(frahnsk)* fransk.

De _____ engelsk.

(treng-er)
trenger
need

Jeg *trenger* _____ *(rom)* et rom.

Du _____ et rom.

Han
Hun _____ ei bok.
Det

Vi _____ et hotellrom.

De _____ en bank.

(har)
har
have

Jeg _____ fem kroner.

Du _____ ti kroner.

Han
Hun _____ seks kroner.
Det

Vi _____ sju kroner.

De *har* _____ tre kroner.

(leek-er)
liker
like

Jeg _____ vin.

Du *liker* _____ melk.

Han
Hun _____ *(uhl)* øl.
Det

Vi _____ te.

De _____ kaffe.

Her er seks more *(vairb)* **verb.**

(het-er) **heter** = is called	*(hyuhp-er)* **kjøper** = buy	*(snah-ker)* **snakker** = speak
_____	_____	_____
(bor) **bor** = live/reside	*(bes-til-er)* **bestiller** = order	*(bleer)* **blir** = remain/stay
bor		

Nå for a quick refresher on the **"æ"** sound. Remember the example "cat"? Say these **ord** out loud many times **og,** don't forget, practice, practice, practice. *(yæ-ee) (lær-er)* *(hær)* **Jeg lærer norsk her.**

(færsh-kuh) *(ær)(poh-poo-lær-uh)* *(ær)* *(vær-uh) (ær)(vær-uh)* *(vær)*
Ferske egg er populære. Og finally – **er du** ready **nå?** – **været er verre og verre hver**
weather   worse   every

dag; but not on your holiday!

☐ **logisk** *(loh-gisk)*	logical	_____
☐ **lokal** *(loh-kahl)*	local	_____
☐ **et losji** *(loh-shee)*	lodging	_____
☐ **luksus** *(luhk-soos)*	luxury	_____
☐ **en lunsj** *(luhnsh)*	lunch	_____

Nå fill in the following blanks *(may)* **med** the correct form of each *(vairb)* **verb.** Be sure to say each sentence out loud until **du har det** *(day)* down pat!

(het-er)
heter
am/is called

Jeg _____ Helgerud.

Du _____ Bakke.

Han
Hun _____ *heter* _____ Melhus.
Det

Vi _____ Lønmo.

De _____ Petterson.

(hyuhp-er)
kjøper
buy

Jeg _____ ei bok. *(æ-ee)*

Du _____ salaten.

Han
Hun _____ en bil. *(beel)*
Det

Vi _____ *kjøper* _____ ei klokke.

De _____ ei lampe.

(snah-ker)
snakker
speak

Jeg _____ norsk.

Du _____ engelsk.

Han
Hun _____ spansk. *(spahnsk)*
Det   Spanish

Vi _____ dansk. *(dahnsk)*
                          Danish

De _____ *snakker* _____ japansk. *(yah-pahnsk)*
                                  Japanese

(bor)
bor
live/reside

Jeg _____ *bor* _____ i Norge.

Du _____ i Amerika.

Han
Hun _____ i Spania.
Det

Vi _____ i Europa. *(ow-roh-pah)*

De _____ i Japan. *(yah-pahn)*

(bes-til-er)
bestiller
order

Jeg _____ et glass vann. *(glahs) (vahn)*

Du _____ *bestiller* _____ et glass vin. *(veen)*

Han
Hun _____ en kopp té. *(kohp) (tay)*
Det

Vi _____ et glass melk.

De _____ en kopp kaffe.

(bleer)
blir
remain/stay

Jeg _____ fem dager til. *(til)*
                     days   more

Du _____ tre dager til.

Han
Hun _____ seks dager til.
Det

Vi _____ *blir* _____ sju dager til.

De _____ åtte dager til.

☐ **en makrell** *(mah-krel)*	mackerel	_____
☐ **en margarin** *(mar-gah-reen)*	margarine	_____
☐ **et marked** *(mahr-ked)*	market	_____
☐ **en marmelade** *(mar-mel-ah-duh)*	marmalade	_____
☐ **en maskin** *(mah-sheen)*	machine	_____

41

Nå see if **du** _(doo)_ can fill in the blanks below. **De riktige svarene er** _(dee) (rik-tee-uh) (svah-ren-uh)(œr)_ at the bottom of the **side.** _(seed-uh)_

correct

1. I speak Norwegian. _____

2. He comes from America. _____

3. We learn Norwegian. _____

4. They have 10 kroner. _De har ti kroner._ _____

5. She would like a glass of water. _____

6. We need a room. _____

7. My name is Hauge. _____

8. I live in America. _____

9. You are buying a book. _____

10. He orders a beer. _____

11. I stay three more days. _____

12. We go to the bank. _____

In the following Steps, **du** will be introduced to more **og** more **verb** _(vairb)_ **og** should drill them in

exactly the same way as **du** did in this section – **med** the plug-in formula. Look up **de nye** _(dee) (nee-uh)_

the   new

ordene in your **ordbok** _(ord-boke)_ **og** make up your own sentences using the same type of pattern.

dictionary

Try out your **nye ord,** _(nee-uh)_ because that's how you make them yours to use on your holiday.

Remember, the more **du** practice **nå,** the more enjoyable your trip will be. **Lykke til!** _(lik-uh)_

good luck

Nå er a perfect time to turn to the back of **boken,** _(boke-en)_ clip out your **verb** flash cards **og**

start flashing.

Be sure to check off your free **ord** in the box provided as **du lærer** each one. ☑

(kloh-kah)
Klokka
clock the

Du know **hvordan** to tell **dagene** *(dahg-en-uh)* of the **uke og månedene** *(oo-kuh)* *(mawn-den-uh)* of the **år.** *(ore)* As a **reisende i** *(ræ-ees-end-uh)*
week   months   year   traveler

Norge, du trenger to be able to tell time **for reservasjoner,** *(ray-sair-vah-shone-er)* appointments **og tog. Her er** *(tawg)* *(hær)* *(ær)*
reservations   trains

the "basics."

What time is it? =	**Hvor mange er klokka?** *(mahng-uh)* **Hva er klokka?**

before	=	**på** *(paw)* _____
after	=	**over** *(aw-ver)* *over*
half	=	**halv** *(hahl)* _____

Den er fem. *(ær)*
it   is

Den er halv fem.

Den er tre.

Den er halv tre.

Det er middag. *(day)* *(mid-dahg)*
noon

Det er midnatt. *(mid-naht)*
midnight

Den er åtte tjue. *(hyoo-uh)*

Den er sju førti. *(fur-tee)*

Nå fill in the blanks according to the **tid** *(teed)* indicated on **klokka. Svarene er** *(svah-ren-uh)* below.
time   clock the

Den er _____ .

Den er _____ .

Den er _____ .

Den er _____ .

Den er _____ .

Den er *fire* _____ .

Den er _____ .

Den er _____ .

43

(hær) *(ær)*
Her er more time-telling **ord** to add to your **ord** power.

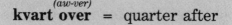

(kvahrt-er)
et kvarter = a quarter hour

kvart på = quarter to

(aw-ver)
kvart over = quarter after

(aw-ver)
Den er kvart over to. ELLER **Den er to femten.**

Den er kvart på to. ELLER **Den er ett førtifem.**

(day)
Nå er det your turn.
it

Den er _____ .

Den er _____ .

Den er _____ .

Den er _____ .

(vik-tee)
See how **viktig** learning **numrene** *(nohm-ren-uh)* *(ær)* **er?** **Nå** answer the following **spørsmål** *(spur-shmawl)* based on the
questions

klokker below. **Svarene er** at the bottom of **siden.** *(seed-en)*
clocks

Hva er klokka?

1. _____

2. _____

3. _____

4. _____

5. *Den er kvart over tolv.*

6. _____

7. _____

SVAR

Den er ett tretti.
4. Den er halv to.
3. Den er åtte.
Den er sju tretti.
2. Den er halv åtte.
1. Den er seks.

Den er kvart på seks.
7. Den er fem førtifem.
6. Den er ni tjue.
Den er tolv femten.
5. Den er kvart over tolv.

44

When **du** answer a "**Når**" *(nore)* question, say "**klokka**" before you give the **tid.** *(teed)*
when   time

```
TOG
43   6:00
```

Når kommer toget? *(tawg-uh)*   _klokka seks_
train the

Nå answer the following **spørsmål** *(spur-shmawl)* based on **klokkene** *(kloh-ken-uh)* below. Be sure to practice saying
questions   clocks the

each **spørsmål** *(spur-shmawl)* out loud several times.

Når begynner konserten? *(bay-yun-er) (cone-sairt-en)* _____
begins   concert the

Når begynner filmen? _____

Når kommer den gule bussen? *(gool-uh)* _____

Når kommer drosjen? *(droh-shen)* _____
taxi the

Når er restauranten åpen? *(res-tuh-rahng-en) (aw-pen)* _klokka fem_
open

Når er restauranten stengt? *(stengt)* _____
closed

Klokka åtte om morgenen sier en, *(ohm)* *(see-er)*
in   morning the   says   one

"**God morgen, fru Arnestad.**" *(go) (maw-ren) (froo)*
Mrs.

Klokka ett om ettermiddagen sier en,

"**God dag, herr Christensen.**" *(hær)*
Mr.

Klokka åtte om kvelden sier en, *(kvel-en) (see-er)*

"**God kveld, frøken Bjånes.**" *(go) (fruh-ken) (byaw-nes)*
Miss

Klokka ti om kvelden sier en,

"**God natt!**"

☐ **en medisin** *(med-ee-seen)*	medicine	_____
☐ **mest** *(mest)*	most	_____
☐ **en meter** *(may-ter)*	meter	_____
☐ **midnatt** *(mid-naht)*	midnight	_____
☐ **midsommer** *(mid-soh-mer)*	Midsummer (Day)	_____

Remember:

What time is it? =	**Hva er klokka?**	When/at what time = **Når?**
	Hvor mange er klokka?	

Can **du** pronounce **og** understand

the following paragraph?

Toget fra Bergen kommer klokka

15:15. Det er nå 15:20. Toget er

(for-sink-et)
forsinket. Toget kommer i dag
late

klokka 17:15. I morgen kommer

(ee-yen)
toget klokka 15:15 igjen.
again

(hær) (ær)
Her er more practice exercises. Answer *(spur-shmawl-en-uh)* **spørsmålene** based on the **tid** given.
questions the   *(teed)*

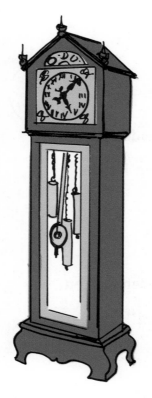

Hvor mange er klokka?

1. (10:30) _____

2. (6:30) *Den er halv sju.*

3. (2:15) _____

4. (11:40) _____

5. (12:18) _____

6. (7:20) _____

7. (3:10) _____

8. (4:05) _____

9. (5:35) _____

10. (11:50) _____

☐ **mild** *(milled)* .... mild
☐ **million** *(mil-yohn)* .... million
☐ **moderne** *(moh-dær-nuh)* .... modern
☐ **et museum** *(muh-say-oom)* .... museum
☐ **en musikk** *(muh-seek)* .... music

Her er a quick quiz. Fill in the blanks **med de riktige numrene.** **Svarene er** below.

(dee)(rik-tee-uh)
correct

1. **Et minutt har** _____ **sekunder.**
   has (?) seconds
   (sek-oond-er)

2. **En time har** _____ **minutter.**
   hour (?)
   (teem-uh) *(min-oot-er)*

3. **En dag har** _____ **timer.**
   (?)
   (teem-er)

4. **En uke har** _____ **dager.**
   week (?)
   (oo-kuh)

5. **En måned har** _____ **dager.**
   month (?)
   (maw-ned)

6. **Et år har** *tolv* **måneder.**
   year (?)
   (ore)

7. **Et år har** _____ **uker.**
   (?)

8. **Et år har** _____ **dager.**
   (?)

Her er a sample **side fra en norsk togtabell.** The schedules for all **tog** of the **NSB-Norges Statsbaner,** the Norwegian national railroad, **er** in the **"Rutebok for Norge" og** in the **"Lommeruter"** which all train stations **har** at the **reisebyrå. Her er en togtabell** to help you practice using **klokka.** Notice that **Et.** means an express **tog.**

(seed-uh)(frah) *(tawg-tah-bel)* *(tawg)*
train schedule

(nawr-ges) *(stahts-bahn-er)* *(ær)* *(root-uh-boke)*
book of routes

(lohm-uh-root-er) *(ræ-ees-uh-bee-raw)*
pocket routes travel bureau

(tawg-tah-bell)
train schedule

Fra Oslo til Bergen		
km.	**Avreise** *(ahv-ræ-ees-uh)* departure	Destinations
0	15:45 Et.	Oslo
203	18:28	Gol
302	19:59	Finse
385	21:12	Voss
471	22:30	Bergen

SVAR

1. **seksti** 2. **seksti** 3. **tjuefire** 4. **sju** 5. **tretti/trettien** 6. **tolv** 7. **femtito** 8. **tre hundre og sekstifem**

47

Her er de nye *(nee-uh)* *(vair-ben-uh)* **verbene for** Step 12.

(see-er) **sier** = say/says   *(spees-er)* **spiser** = eat/eats   *(drik-er)* **drikker** = drink/drinks

sier _____   _____   _____

(see-er)
sier
say

Jeg _____ *(go)* *(more-en)* **"god morgen."**

Du _____ **"god dag."**

Han
Hun _____ *(næ-ee)* **"nei."**
Det   no

Vi _____ **"ja."**

De *sier* *(ing-en-ting)* **ingenting.**
                                           nothing

(spees-er)
spiser
eat

Jeg _____ *(suh-pen)* **suppen.**
                                        soup the

Du _____ **biff.**
                                    steak

Han
Hun *spiser* *(mee-uh)* **mye.**
Det   a lot

Vi _____ *(ing-en-ting)* **ingenting.**

De _____ **fisken.**
                                fish the

(drik-er)
drikker
drink

Jeg _____ **melken.**

Du *drikker* *(veet-veen)* **hvitvin.**
                                    white wine

Han
Hun _____ *(uhl-uh)* **ølet.**
Det

Vi _____ **et glass vann.**

De _____ *(tay-en)* **téen.**
                                        tea the

(hær) *(ær)*
Her er a few fun **norsk** *(ord-tahk)* **ordtak** to go **med** your **nye ord for restauranten.**
                                              proverbs

(hong-er) *(souse)*
Hunger er den beste saus.
                                        sauce

(yoh)(flay-ruh)(kokker) *(may-ruh)(suhl)*
Jo flere kokker, jo mere søl.
the more the cooks,   the more the mess

Og, keep working on your **"æ"** sound **for, "Ingen** *(ær)* **er for** *(gah-mel)* **gammel til å** *(lær-uh)* **lære."**
                                              no one   too old   to learn

☐ **naken** *(nah-ken)* .... naked   _____
☐ **en nasjon** *(nah-shone)* .... nation   _____
☐ **nasjonal** *(nah-shone-al)* .... national   _____
☐ **natt** *(naht)* .... night   _____
48 ☐ **natur** *(nah-toor)* .... nature   _____

(bild-uh) et **bilde**	*(stoo-uh)* ei **stue**	*(nee)* **9 ni**	*(go)* *(dahg)* **god dag**
(tahk) et **tak**	*(gah-rah-shuh)* en **garasje**	*(tee)* **10 ti**	*(go)* *(et-ter-mid-ahg)* **god ettermiddag**
(yur-nuh) et **hjørne**	*(hyel-ler)* en **kjeller**	*(veet)* **hvit**	*(go)* *(kvel)* **god kveld**
(vin-doo) et **vindu**	*(beel-en)* **bilen**	*(sort)* **sort**	*(go)* *(naht)* **god natt**
(lahm-puh) ei **lampe**	*(sik-el-en)* **sykkelen**	*(gool)* **gul**	*(hyuh-les-kahp-uh)* **kjøleskapet**
(lees) et **lys**	*(hoond-en)* **hunden**	*(ruh)* **rød**	*(kohm-fear-en)* **komfyren**
(so-fa) en **sofa**	*(kaht-en)* **katten**	*(blaw)* **blå**	*(veen-en)* **vinen**
(stole) en **stol**	*(hah-gen)* **hagen**	*(graw)* **grå**	*(uhl-uh)* **ølet**
(tep-puh) et **teppe**	*(post-en)* **posten**	*(broon)* **brun**	*(melk-en)* **melken**
(bord) et **bord**	*(post-kah-sen)* **postkassen**	*(grun)* **grønn**	*(smuhr-uh)* **smøret**
(dur) ei **dør**	*(blohm-sten-uh)* **blomstene**	*(lee-ser-ruh)* **lyserød**	*(tahl-ær-ken-en)* **tallerkenen**
(kloh-kuh) ei **klokke**	*(ring-uh-kloh-kah)* **ringeklokka**	*(flair-far-get)* **flerfarget**	*(sahl-tuh)* **saltet**
(gar-deen) et **gardin**	*(en)* **1 én**	*(mahn-dah)* **mandag**	*(pep-er-en)* **pepperen**
(vayg) en **vegg**	*(toe)* **2 to**	*(teers-dah)* **tirsdag**	*(kneev-en)* **kniven**
(hoos) et **hus**	*(tray)* **3 tre**	*(ohns-dah)* **onsdag**	*(kohp-en)* **koppen**
(kohn-tor) et **kontor**	*(fear-uh)* **4 fire**	*(tors-dah)* **torsdag**	*(gah-fel-en)* **gaffelen**
(bahd) et **bad**	*(fem)* **5 fem**	*(fray-dah)* **fredag**	*(glahs-uh)* **glasset**
(hyuh-ken) et **kjøkken**	*(sex)* **6 seks**	*(lur-dah)* **lørdag**	*(sair-vee-et-en)* **servietten**
(saw-vuh-rom) et **soverom**	*(shoe)* **7 sju**	*(sun-dah)* **søndag**	*(shay-en)* **skjeen**
(spees-uh-stoo-uh) ei **spisestue**	*(aw-tuh)* **8 åtte**	*(go)* *(maw-ren)* **god morgen**	*(skah-puh)* **skapet**

STICKY LABELS

This book has over 150 special sticky labels for you to use as you learn new words. When you are introduced to a word, remove the corresponding label from these pages. Be sure to use each of these unique labels by adhering them to a picture, window, lamp, or whatever object it refers to. The sticky labels make learning to speak Norwegian much more fun and a lot easier than you ever expected. For example, when you look in the mirror and see the label, say

(spæl-eel)
"et speil."

Don't just say it once, say it again and again.

And once you label the refrigerator, you should never again open that door without saying

(hyuh-les-kahp-uh)
"kjøleskapet."

By using the sticky labels, you not only learn new words but friends and family learn along with you!

(bruh-uh)
brødet

(tay-en)
teen

(kah-fen)
kaffen

(seng)
ei **seng**

(dee-nuh)
ei **dyne**

(poo-tuh)
ei **pute**

(vek-ker-kloh-kuh)
ei **vekkerklokke**

(kless-skahp)
et **klesskap**

(vahsk)
en **vask**

(duhsh)
en **dusj**

(toe-ah-let)
et **toalett**

(spæ-eel)
et **speil**

(hawnd-klær-nuh)
håndklærne

(vahs-kuh-kloot)
en **vaskeklut**

(hawnd-klay)
et **håndkle**

(bah-duh-hawnd-klay)
et **badehåndkle**

(blee-ahnt)
en **blyant**

(pen)
en **penn**

(pah-peer)
papir

(brev)
et **brev**

(brev-kort)
et **brevkort**

(free-mær-kuh)
et **frimerke**

(boke)
ei **bok**

(teed-skrift)
et **tidsskrift**

(ah-vees)
en **avis**

(bril-er)
briller

(fyærn-seen)
et **fjernsyn**

(pah-peer-korv)
en **papirkurv**

(pahs)
et **pass**

(bil-let)
en **billett**

(koh-fert)
en **koffert**

(hawnd-vesk-uh)
ei **håndveske**

(loh-muh-boke)
ei **lommebok**

(peng-er)
penger

(foh-toe-grah-fee-ah-pah-raht)
et **fotografiapparat**

(film)
en **film**

(bah-duh-drahkt)
ei **badedrakt**

(sahn-dahl-er)
sandaler

(saw-puh)
såpe

(tahn-bursh-tuh)
en **tannbørste**

(tahn-krame)
en **tannkrem**

(bar-bair-huh-vel)
en **barberhøvel**

(day-oh-doe-rahnt)
en **deodorant**

(kahm)
en **kam**

(kaw-puh)
en **kåpe**

(rine-frahk)
en **regnfrakk**

(pah-rah-plee)
en **paraply**

(hahn-sker)
hansker

(haht)
en **hatt**

(stuv-ler)
støvler

(skoh)
sko

(soh-ker)
sokker

(strum-per)
strømper

(pee-shah-mahs)
en **pyjamas**

(naht-short-uh)
ei **nattskjorte**

(bah-duh-kaw-puh)
en **badekåpe**

(tuf-ler)
tøfler

(dress)
en **dress**

(shlips)
et **slips**

(lohm-uh-tur-klay)
et **lommetørkle**

(short-uh)
ei **skjorte**

(yah-kuh)
ei **jakke**

(bohx-er)
bukser

(hyoh-luh)
en **kjole**

(bloo-suh)
en **bluse**

(shirt)
et **skjørt**

(gen-ser)
en **genser**

(bay) (haw)
en **B.H.**

(oon-er-hyoh-luh)
en **underskjorte**

(oon-er-bohx-er)
underbukser

(oon-er-short-huh)
ei **underskjorte**

(vær) (shaw) (go)
vær så god

(ohp-taht)
opptatt

(un-shil)
Unnskyld.

(yæ-ee) *(ær)* *(ah-mair-ee-kahn-er)*
Jeg er amerikaner.

(yæ-ee) *(vil)* *(lær-uh)* *(nawrshk)*
Jeg vil lære norsk.

(yæ-ee) *(het-er)*
Jeg heter _____ .

PLUS . . .

Your book includes a number of other innovative features.

At the back of the book, you'll find seven pages of flash

cards. Cut them out and flip through them at least once a

day.

On pages 112 and 113, you'll find a beverage guide and a

menu guide. Don't wait until your trip to use them. Clip

out the menu guide and use it tonight at the dinner table.

And use the beverage guide to practice ordering your

favorite drinks.

By using the special features in this book, you will be

speaking Norwegian before you know it.

(go)   *(for-noy-el-suh)*   *(lik-uh)*
God Fornøyelse og lykke til!
have   fun   good luck

(nord)	(suhr)	(ust)	(vest)
Nord -	**sør,**	**øst -**	**vest**
North	South	East	West

If **du** are looking at **et kart** *(kart)* **og du** see the following **ord, det** should **ikke** *(ick-uh)* be too difficult
to figure out **hva de** *(dee)* mean. Take an educated guess. **Svarene er** *(ær)* below.

(nord-ah-mair-ee-kah)
Nordamerika

(suhr-ah-mair-ee-kah)
Søramerika

(vest-ow-roh-pah)
Vesteuropa

(nord-pole-en)
Nordpolen

(suhr-pole-en)
Sørpolen

(vest-in-dee-ah)
Vestindia

(nord-kahp)
Nordkapp

(suhr-ah-free-kah)
Sør-Afrika

(ust-ah-free-kah)
Østrafrika

(nord-shuh-en)
Nordsjøen
sea

(ust-er-shuh-en)
Østersjøen
sea

(ust-ow-roh-pah)
Østeuropa

De norske ordene for north, south, east **og** west **er** easy to recognize due to their
similarity to **engelsk.** These **ord er meget viktig,** *(vik-tee)* so learn them **i dag.**

nord	=	north	_____
sør *(suhr)*	=	south	*sør*
øst *(ust)*	=	east	_____
vest	=	west	_____

nordlig *(nord-lee)*	=	northern	_____
sørlig *(suhr-lee)*	=	southern	_____
østlig *(ust-lee)*	=	eastern	*østlig*
vestlig *(vest-lee)*	=	western	_____

Norge er often divided into **fire** *(fear-uh)* geographical areas: **Østlandet, Sørlandet, Vestlandet og**
Nord-Norge. *(nord-nawr-guh)* **Norden,** "the north," **er** used to indicate "Scandinavia," in general.

But what about more basic directions such as "left," "right," "straight ahead" **og** "around
the corner"? Let's learn these **ord nå.**

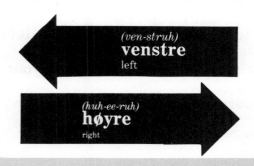

straight ahead	=	**rett fram** *(ret) (frahm)*
around the corner	=	**om hjørnet** *(ohm) (yuhr-nuh)*
to/on the left	=	**til venstre** *(til) (ven-struh)*
to/on the right	=	**til høyre** *(til) to (huh-ee-ruh)*

Just as **på engelsk,** the following **ord** go a long way.

(tuck) **takk**	= please, thank you	*takk, takk, takk*
(vær) (shaw) (snil) **vær så snill**	= please, be so kind	
(un-shil) **unnskyld**	= excuse me	

På norsk (er)
er det another phrase which will come in **meget** handy during your travels:

(vær) (shaw)(go)
vær så god. Du will particularly hear shopkeepers **og** waiters using it, so be sure to listen for it. Besides "be so good," (vær) (shaw)(go)
vær så god can mean "here you are," "please," "please go ahead" **og** "you're welcome." **Det er** a special **og** (gawt)
godt ord to know.
good

Her er to typiske samtaler for someone who is trying to find something.
(toe)(teep-isk-uh) (sahm-tahl-er)
typical   conversations

(yoh-stine) (un-shil)   (grahng)
Jostein: **Unnskyld. Hvor er Grand Hotell?**

(knoot)   (gah-ter) (vee-der-uh)
Knut: **Du går to gater videre, til venstre, og så rett fram. Grand Hotell er**
go   streets   further   then

til høyre.

                                    (folk-uh-moo-say-uh)
Jostein: **Unnskyld. Hvor er Folkemuseet?**

(hyeer-sten) (gaw)
Kirsten: **Gå til høyre her; gå så rett fram fire eller fem meter. Så går du til venstre**
go

              (yuhr-nuh)
og museet er på hjørnet.
on

Are you lost? There is no need to be lost if **du har** learned the basic direction **ord.** Do not try to memorize these **samtaler,** because **du** may never be looking for precisely these
(sahm-tahl-er)
conversations

places. **Én** (dahg)
dag du might need to ask for directions to (rawd-hoos-uh)
"Rådhuset," **eller** (sahs)
"SAS-Hotellet"
one   City Hall

eller (vee-king-sheep-moo-say-uh)
"Vikingskipmuseet." Learn the key direction **ord og** be sure **du** can find your destination. **Hva** if the person responding to your (spur-shmawl)
spørsmål answers too quickly **for** you to
what   question

understand the entire reply? If so, ask (ee-yen)
igjen, saying,

☐ **et navn** *(nahvn)* . . . . name _____
☐ **neste** *(nest-uh)* . . . . next _____
☐ **en nevø** *(nev-uh)* . . . . nephew _____
☐ **en niese** *(nee-ay-suh)* . . . . niece _____
50 ☐ **nær** *(nær)* . . . . near _____

(un-shil)
Unnskyld. Jeg er amerikaner og jeg snakker bare *(bah-ruh)(lit)* **litt norsk. Snakk** *(lahng-sohm-er-uh)* **langsommere,**
                      just   a little   speak   more slowly

(see) *(gahng)*
takk. Si det en gang til, takk.
    say   one time more

Nå når the directions **er** repeated, **du** will be able to understand if **du har** learned the key
    when

ord for directions. Quiz yourself by filling in the blanks below **med** *(dee)(rik-tee-uh)* **de riktige norske**
                                                       correct

ordene.

(bear-it)
Berit: Unnskyld. Hvor er Engebret Kafé?

(kaw-ruh)
Kåre: Du går _____ _____ _____ **, og så** _____ **. Der**
                four   streets   further   to the right   over

(bor-tuh)
borte er en kirke. Gå _____ ____ _____ _____
there   go   two   or   three   streets

_____ **, så** *til venstre* **, og** _____ **er Engebret**
  straight ahead   to the left   around the corner

Kafé. Lykke til.

Du er nå halv way through **boka, så** keep practicing **og** don't give up! **Her er fire**

(nee-uh)
nye verb.

(vent-er) (paw) **venter på**	= wait for	_____
(forsh-tore) **forstår**	= understand	*forstår*
(sel-ler) **selger**	= sell	_____
(see-er) *(gahng)* *(til)* **sier . . . en gang til**	= say one more time/ repeat	_____

☐ **ofte** *(ohf-tuh)*	often	_____
☐ **en opera** *(oh-pair-ah)*	opera	_____
☐ **en operasjon** *(oh-pair-ah-shone)*	operation, surgery	_____
☐ **opp** *(ohp)*	up	_____
☐ **en optiker** *(ohp-teek-er)*	optician	_____

As always, say each sentence out loud. Say each **og** every **ord** carefully, pronouncing each

norsk sound as well as **du** can.

(vent-er) (paw)
venter på
wait   for

Jeg _____ (tawg-uh) **toget.**

Du _____ **bussen.**

Han
Hun _____ (droh-shen) **drosjen.**
Det   taxi the

Vi _*venter på*_____ **Berit.**

De _____ **Kåre.**

(sel-ler)
selger
sell

Jeg _____ **bananer.**

Du _____ **klokker.**

Han
Hun _____ **blomster.**
Det

Vi _____ **billetter.**
                                              tickets

De _*selger*_____ **fisk.**
                                   fish

(forsh-tore)
forstår
understand

Jeg _*forstår*_____ **norsk.**

Du _____ **fransk.**

Han
Hun _____ **spansk.**
Det

Vi _____ **engelsk.**

De _____ (ick-uh) **ikke.**
                                              not

(see-er)   (gahng)
sier . . . en gang til
say   one time   more/repeat

Jeg _____ **ordene** _____ .

Du _____ **svarene** _____ .

Han
Hun _____ **"hjelp"** _____ .
Det

Vi _____ **"god morgen"** _____ .

De _____ **navnene** _____ .

Nå see if **du** can translate the following thoughts into **norsk**. Svarene er **nede.** (ned-uh)
                                                                                                below

1. She says the words one time more. _____

2. You sell tickets. _____

3. He waits for the taxi. _____

4. We eat fish. _____

5. I speak Norwegian. _____

6. I drink a cup of tea. _____

SVAR

1. Hun sier ordene en gang til.   4. Vi spiser fisk.   2. Du selger billetter.
5. Jeg snakker norsk.   3. Han venter på drosjen.   6. Jeg drikker en kopp te.

(oh-ven-paw)   *(ned-uh)*
Ovenpå - Nede
upstairs   downstairs

(bay-yuhn-er)   *(mayr)*
Before **du begynner** Step 14, review Step 8. **Nå lærer du mer.**
      begin   learn   you   more

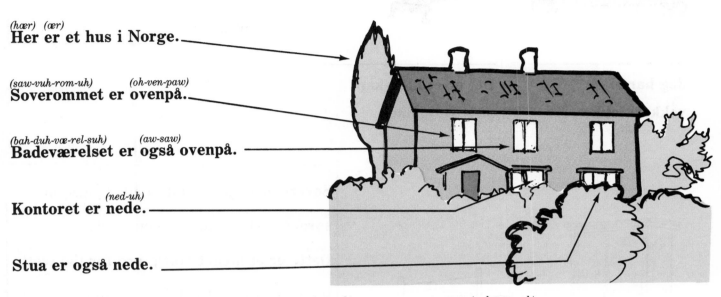

(hær) (ær)
Her er et hus i Norge.

(saw-vuh-rom-uh)   *(oh-ven-paw)*
Soverommet er ovenpå.

(bah-duh-væ-rel-suh)   *(aw-saw)*
Badeværelset er også ovenpå.

(ned-uh)
Kontoret er nede.

Stua er også nede.

(ee)   *(rom-uh)*   *(nahv-nen-uh)*
Gå nå inn i soverommet og look around **rommet.** Let's learn **navnene** of the **ting på**
                                             room the   names the

soverommet just as **vi** learned the various parts of **huset.** Be sure to practice saying

(skreev-er)
ordene as **du skriver** them in the spaces **nede. Og** say out loud the example sentences
                    write

under bildene.

(æ-ee)(seng)
ei seng

(dee-nuh)
ei dyne
comforter

(poo-tuh)
ei pute
pillow

ei dyne

Jeg kjøper ei seng.
buy

Jeg trenger ei dyne.
need

Jeg vil ha ei pute.

☐ **oransje** *(oh-rahn-shuh)*	orange (color)	_____
☐ **ei ordbok** *(ord-boke)*	dictionary (word book)	_____
☐ **en organisasjon** *(ore-gahn-ee-sah-shone)*	organization	_____
☐ **et orkester** *(or-kess-ter)*	orchestra	_____
☐ **en parfyme** *(par-feem-uh)*	perfume	_____

(æ-ee)(vek-ker-kloh-kuh)
ei vekkerklokke
alarm clock

(kles-skahp)
et klesskap
wardrobe

Remove the **neste fem** stickers *(nest-uh)* next **og** label these **ting** in your **soverom**.

_____

Jeg har ei vekkerklokke.

Det er et klesskap på soverommet.

Soverommet på et hotell eller pensjon *(pahng-shone)* guest-house

sover = sleep, so a sleeping room.

(det-uh) **Dette er et meget viktig ord for** the **trette** *(tret-uh)* this   tired

traveler. Study the following **spørsmal og**

their **svar** based on **bildet til venstre.**

1. **Hvor er vekkerklokka?**

   Vekkerklokka er på bordet.
   on

2. **Hvor er dyna?**

   Dyna er på senga.

3. **Hvor er klesskapet?**

   Klesskapet er på
   in
   soverommet.

4. **Hvor er puta?**

   Puta er på senga.

5. **Hvor er senga?**

   Senga er på soverommet.

6. **Er senga stor eller liten?** *(lee-ten)*
   large *(ick-uh)* small
   Senga er ikke stor.
   not
   Senga er liten.
   small

☐ **en parkeringsplass** *(par-kair-ings-plahs)* ...... parking lot/space _____
☐ **en passasjer** *(pah-sah-share)* .... passenger _____
☐ **perfekt** *(pær-fekt)* .... perfect _____
☐ **personlig** *(pær-shone-lee)* .... personally, personal _____
54 ☐ **en pipe** *(pee-puh)* .... pipe _____

Nå er det your turn to answer **spørsmålene** *(spur-shmawl-en-uh)* based on the previous **bilde**.

questions the

Hvor er vekkerklokka?

Hvor er senga?

_____

_____

Let's move **inn i bade** *(bah-duh)* **og** do the same **ting**.

en vask *(vahsk)*

en vask

Hotellrommet har

en vask.

en dusj *(dush)*

_____

Dusjen er ikke *(dush-en) (ick-uh)*

not

på hotellrommet.

et toalett *(toe-ah-let)*

_____

Toalettet er ikke på

hotellrommet. Toalettet og

dusjen er nede i gangen. *(gahng-en)*

down   the hall

et speil *(spæ-eel)* _____
mirror

håndklærne *(hawnd-klær-nuh)* _____
towels the

en vaskeklut *(vahs-kuh-kloot)* _____
washcloth

et håndkle *(hawnd-klay)* _____
towel

et badehåndkle *(bah-duh-hawnd-klay)* _____

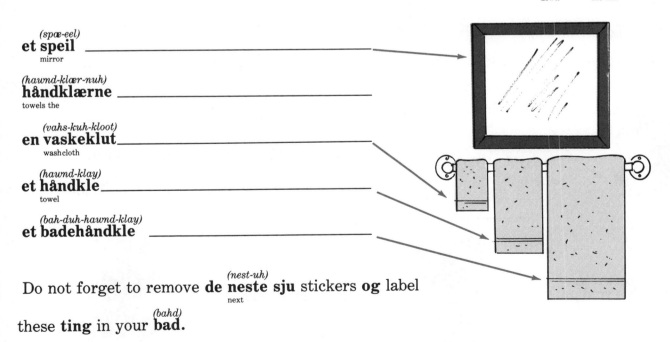

Do not forget to remove **de neste sju** *(nest-uh)* stickers **og** label

next

these **ting** in your **bad**. *(bahd)*

☐ **en plass** *(plahs)*	place, seat; plaza	_____
☐ **polarsirkelen** *(pole-ahr-seer-kel-en)*	Arctic Circle (the)	_____
☐ **Polen** *(poh-len)*	Poland	_____
— **hvor de snakker polsk** *(polsk)*		_____
☐ **politi** *(po-lit-ee)*	police	_____

Badet i et hus i Europa.

(bah-duh)
bade = bathe, so a bathing room

Er dusjen til høyre eller til venstre

på bildet? Dusjen er _____.
(?)

(oh-ven-for)   *(mit-en)*
Hvor er toalettet på bildet ovenfor? Toalettet er i midten.
in middle the

Hvor er vasken på bildet ovenfor? Vasken er _____.
sink the   (?)

(spæ-eel-uh)
Hvor er speilet på bildet ovenpå? Speilet er over *vasken* _____.
mirror the   (?)

(hawnd-klær-nuh)
Hvor er håndklærne på bildet ovenpå?
towels the

Håndklærne er over _____. **Håndklærne er på** _____.
                        (?)   on   (?)

(værelse) (bade)   *(ær)*
Remember, **badet** means a room to bathe in. If **du er på en restaurant og du trenger**

(spur)   *(ned-en-for)*
the lavatory, **du** want to ask for **toalettet,** *not* for **badet. Spør** just as in **bildet nedenfor.**
                                                    ask

(oon-er)   *(dee)*
Restrooms fall **under** the title of **toaletter og de er**

marked D **og** H . **Du** will have a sharp

Unnskyld. Hvor er toalettet?

surprise if **du** think the letters stand **for** "Dudes"

og "Hers."

(bet-eer) (dah-mer)   *(hær-er)*
 D **betyr damer**   **og** H **betyr herrer.**
means   ladies   gentlemen

(nest-uh) *(kohn-tor-uh)* *(skreev-uh-bord-uh)*
Neste stop — **kontoret,** specifically **bordet eller skrivebordet på**
next desk

kontoret. Hva er på bordet? Let's identify **tingene** that one normally **finner på**
on things the *(ting-en-uh)* finds

skrivebordet eller strewn about **huset.**

(blee-ahnt)
en blyant
pencil

(pen)
en penn

(pah-peer)
et papir

(brev)
et brev
letter

et brev

(brev-kort)
et brevkort
postcard

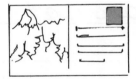

(free-mœr-kuh)
et frimerke
stamp

NORGE 2⁷⁵

(æ-ee)(boke)
ei bok

(teed-skrift)
et tidsskrift
magazine

HJEMMET

(ah-vees)
en avis
newspaper

DAGBLADET

(bril-er)
briller
eyeglasses

(fyœrn-seen)
et fjernsyn
television

(pah-peer-korv)
en papirkurv
wastebasket

☐ **en radio** *(rah-dee-oh)* . . . . radio
☐ **en resepsjon** *(ray-sep-shone)* . . . . reception, lobby
☐ **en reservasjon** *(ray-sair-vah-shone)* . . . . . . reservation, booking
☐ **ringer** *(ring-er)* . . . . ring/call up
☐ **romantisk** *(row-mahn-tisk)* . . . . romantic

Nå label these **ting på kontoret** med *(may)* your stickers. Do **ikke** *(ick-uh)* forget to say these **ord** out

loud whenever **du skriver** them, **du** see them **eller du** apply the stickers. **Nå,** identify

tingene på bildet nedenfor by filling in each blank **med de** *(dee)* **riktige norske ordene.**

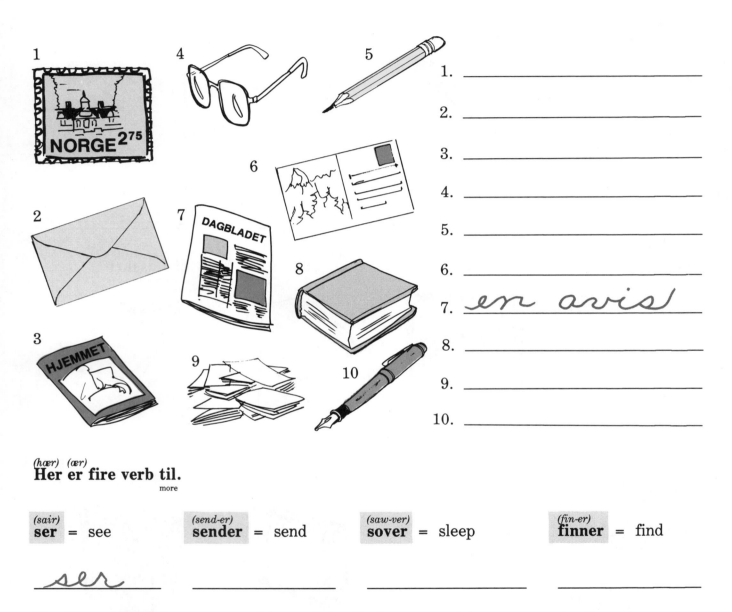

1

4

5

1. _____

2. _____

3. _____

4. _____

5. _____

6

2

7

6. _____

8

7. *en avis*

3

9

10

8. _____

9. _____

10. _____

Her er fire verb til. *(hær)* *(ær)*

more

ser *(sair)* = see   **sender** *(send-er)* = send   **sover** *(saw-ver)* = sleep   **finner** *(fin-er)* = find

ser _____   _____   _____

Nå fill in the blanks **på neste side med de riktige** form of these **nye verb.** Practice saying

the sentences out loud many, many times. Don't get discouraged! Just look at how much

du allerede har learned **og** think ahead to **fjord,** food, mountains, sun **og** fun. **Ja!** *(yah)*

(sair)
ser
see

Jeg _____ser_____ senga.

Du _____ dyna.

Han
Hun _____ hotellet.
Det

Vi _____ *(fyord-en)* fjorden.

De _____ *(dush-en)* dusjen.

(send-er)
sender
send

Jeg _____ et brev.

Du _____ et brevkort.

Han
Hun _____sender_____ boka.
Det

Vi _____ tre brev.

De _____ to brevkort.

(saw-ver)
sover
sleep

Jeg _____ på soverommet.

Du _____ bra.
well

Han
Hun _____ i huset.
Det

Vi _____sover_____ på hotell.

De _____ under dyna.

(fin-er)
finner
find

Jeg _____ frimerkene.

Du _____finner_____ briller.

Han
Hun _____ *(gah-tah)* gata.
Det street the

Vi _____ *(ah-vees)* en avis.
newspaper

De _____ pennen.

The words "**ikke,**" *(ick-uh)* "**ja**" *(yah)* og "**jo**" *(yoh)* er meget useful **på norsk**. "**Ikke**" means "not" **og** usually follows the **verb**. It's quite simple.

(yæ-ee)
Jeg snakker bra norsk.
I   speak   well   Norwegian

Vi finner hotellet.
we   find

Du snakker dansk.
you speak   Danish

Jeg snakker ikke bra norsk.
don't speak

Vi finner ikke hotellet.
don't find

Du snakker ikke dansk.
don't speak

Both "**ja**" *(yah)* **og** "**jo**" *(yoh)* mean "yes" although "**ja**" **er** *(ær)* more common. "**Jo**" **er** a fun **ord** which **er også** used to add emphasis when speaking. **Nordmenn** will say, "**Det var jo fint**," *(day)* meaning "That was nice *of course*." **Nå,** do you know what this means? **Jeg snakker jo engelsk!** (I speak English *of course!*) **Du** do, don't **du?**

☐ **Russland** *(roos-lahnd)* . . . . Russia _____
— **hvor de snakker russisk** *(roos-isk)*
☐ **en ryggsekk** *(rig-sek)* . . . . rucksack _____
☐ **rå** *(raw)* . . . . raw, rare _____
☐ **råtten** *(raw-ten)* . . . . rotten, moldy _____

Step 15

Du know **nå hvordan** to count, **hvordan** to ask **spørsmål, hvordan** to use **verb med** the

"plug-in" formula, **hvordan** to make statements, **og hvordan** to describe something, be it

the location of **et hotell eller fargen** of **et hus.** Let's now take the basics that **du har**

learned **og** expand them in special areas that will be most helpful in your travels. ^(vah)**Hva**

what

does everyone do on a holiday? Send **brevkort,** of course! Let's learn exactly **hvordan det**

postcards

norske ^(post-kohn-tor-uh)**postkontoret** works.

post office the

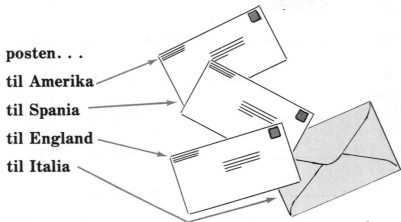

posten. . .

til Amerika

til Spania

til England

til Italia

^(post-kohn-tor-uh)
Postkontoret er hvor du need to go **i Norge** to buy stamps, mail a package **eller** use the

^(tay-lay-fohn)
telefon. On the other hand, if **du** might need to send a ^(tay-lay-grahm)**telegram, gå så** to the **Norsk**

^(tay-lay-grah-fen)
telegrafen hvor du will find all **du trenger.** ^(hær)**Her** ^(ær)**er** some necessary **ord for postkontoret**

og telegrafen. Be sure to practice them out loud **og** then write **ordet under bildet.**

et brev	et brevkort	^(free-mær-kuh)et frimerke	^(tay-lay-grahm)et telegram
			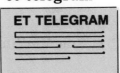

et brev _____ _____ _____

☐ **en sankt** *(sahngt)*	saint	_____
— **Sankt Olav**	patron Saint of Norway	_____
☐ **en saus** *(souse)*	sauce	_____
☐ **seiler** *(sæ-eel-er)*	sail/sails	_____
— **en seilbåt** *(sæ-eel-bawt)*	sailboat	_____

60

(pah-kuh)
en pakke

(post-kah-suh)
en postkasse

(may) *(flee-post)*
med flypost

FLYPOST
AIRMAIL

(loo-kuh)
ei luke
counter

FRIMERKER

(tay-lay-fohn-kee-ohsk)
telefonkiosk

(tay-lay-fohn)
en telefon

et postkontor

POSTKONTOR

en telefon

Et postkontor i Norge har alt. *(ahlt)* everything **Du sender brev og brevkort fra postkontoret.** from **Du**

kjøper frimerker på postkontoret. *(free-mær-ker)* **Du telefonerer fra telegrafen.** *(tay-lay-fohn-air-er)* telephone **Postkontoret er**

åpent ukedager klokka 8:00 om morgenen til klokka 18:00 om kvelden og på lørdag til *(aw-pent)* open *(oo-kuh-dahg-er)* weekdays *(lur-dah)* Saturday

klokka 13:00 om ettermiddagen. If **du trenger** to call **hjem til Amerika,** *(yem)* this can be done

at **telegrafen og heter** *(het-er)* is called **en rikstelefon.** *(reeks-tay-lay-fohn)* long-distance call Okay. First step — **du går inn i postkontoret.** *(ee)*

The following **er en god** *(go)* good sample **samtale.** *(sahm-tahl-uh)* conversation Familiarize yourself **med disse ordene nå.** *(dis-uh)* these

Don't wait until your holiday.

Unnskyld. Hvor kjøper jeg frimerker?

Ved luke sju.

LUKE 7

☐ **et sentrum** *(sent-room)*	city center	
☐ **en sigar** *(see-gahr)*	cigar	
☐ **en sigarett** *(see-gahr-et)*	cigarette	
☐ **en ski** *(shee)*	ski	
— **går på ski**	go/goes skiing	

61

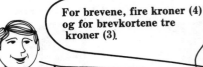

Jeg vil ha frimerker til to brev til Amerika og også til to brevkort til Amerika.

Med flypost?

For brevene, fire kroner (4) og for brevkortene tre kroner (3).

Hva koster det?

Ja, takk, med flypost. Jeg vil også ha frimerker til to brev her i Norge. Hvor mye koster det?

Tre kroner og tjue øre (3,20).

Takk.

Her er frimerkene. Det blir ti kroner og tjue øre (Kr. 10,20).

Takk.

Neste step — **du** ask **spørsmål** like those **nedenfor,** *(ned-en-for)* depending upon **hva du vil ha.** Notice

that **på norsk når du** *(nore)* "make a telephone call" **du** actually **"take** *(tar)* a call." **Her er** a time

when **norsk ikke er** *(ick-uh)* the same as **engelsk.**
not

Hvor kjøper jeg frimerker? *(yæ-ee)*

Hvor sender jeg et telegram?

Hvor kjøper jeg et brevkort?

Hvor sender jeg en pakke?

Hvor telefonerer jeg? *(tay-lay-fohn-air-er)*
telephone

Hvor er en telefonboks?

Hvor tar jeg en rikstelefon? *(tar)* *(reeks-tay-lay-fohn)*
take *long-distance call*

Hvor mye koster det? *(mee-uh)*

Hvor tar jeg en lokalsamtale? *(loh-kahl-sahm-tahl-uh)*
take *local call*

Hvor er postkassen?

Repeat the sentences **ovenfor** *(oh-ven-for)* **om og om igjen.** *(ohm)* *(ee-yen)* **Du** will need them on your trip.
again and again

Nå, quiz yourself. See if **du** can translate the following thoughts **på norsk. Svarene er**

nede på neste side.

1. Where is a telephone booth? _hvor er en telefonboks?_

2. Where do I make a telephone call?_____

3. Where do I take a local phone call? _____

4. Where do I take a long-distance phone call? _____

5. Where is the post office? _____

☐ **sitter** *(sit-er)*	sit/sits	_____
— **en sitteplass** *(sit-uh-plahs)*	seat	_____
☐ **sjøsyk** *(shuh-seek)*	seasick	_____
☐ **skandinavisk** *(skahn-dee-nah-visk)*	Scandinavian	_____
☐ **skarp** *(skahrp)*	sharp, strong	_____

6. Where do I buy stamps?_____

7. Airmail stamps? _____

8. Where do I send a package? _____

9. Where do I send a telegram?_____

10. Where is the counter for packages?_____

Her er flere verb. *(flay-ruh)*
more

(yuhr) **gjør** = do/make   *(vees-er)* **viser** = show   *(skreev-er)* **skriver** = write   *(bet-ahl-er)* **betaler** = pay

_____ *viser*

(yuhr)
gjør
do/make

Jeg _____ **mye.** *(mee-uh)*
a lot

Du _____ **alt.** *(ahlt)*
everything

Han
Hun *gjør* **ingenting.** *(ing-en-ting)*
Det   nothing

Vi _____ **det.**

De _____ **litt.**

(skreev-er)
skriver
write

Jeg _____ **brev.**

Du *skriver* **meg fire brev.** *(mæ-ee)*
me

Han
Hun _____ **et brevkort.**
Det

Vi _____ **ikke mye.**

De _____ **ikke.**

(vees-er)
viser
show

Jeg _____ **dem boka.**
them

Du _____ **meg postkontoret.** *(mæ-ee)*
me

Han
Hun _____ **meg byen.** *(bee-en)*
Det   city the

Vi *viser* **dem telegrafen.**

De _____ **meg passet.** *(pahs-uh)*
passport the

(bet-ahl-er)
betaler
pay

Jeg _____ **regningen.** *(rine-ing-en)*
bill the

Du _____ **ikke.**

Han
Hun *betaler* **mye.**
Det

Vi _____ **prisen.** *(prees-en)*
price the

De _____ **hotellregningen.**

63

Step 16

(kvit-air-ing-en)
Kvitteringen eller Regningen
(rine-ing-en)

receipt the   bill the

(yah)
Ja, det er bills to pay **i Norge også. Du har** just finished your delicious evening meal

(rine-ing-en)   *(bet-ahl-uh)*   *(kel-ner)*
og du vil ha regningen og vil betale. Hva gjør du? Du call for the **kelner eller**
                to pay   do   waiter

(sair-vair-ings-dah-muh)   *(fruh-ken)*
serveringsdame: "**Kelner!**" "**Frøken!**"
waitress   Miss

(kel-ner-en)
Kelneren will normally reel off **hva du har**
waiter the

eaten, while writing rapidly. **Han** will then

(pah-peer)
place **et papir på bordet** that looks like

(rine-ing-en)
regningen på bildet, while saying something like

"Unnskyld. Jeg vil ha regningen, takk."

Ja, vær så god.

(bleer)
"**Det blir hundre og tjuefem femti, takk.**"
comes to

(kahs-en)   *(sah-muh)*
Du will pay either **kelneren eller** at **kassen.** Tipping **er ikke det samme i Norge** as **i**
                                   cash register

(drik-uh-peng-er)   *(rine-ing)*
Amerika. Drikkepenger left **på bordet er** customary unless your **regning eller** the menu is
tip

(sair-vis)   *(in-kloo-dairt)*   *(mair-vær-dee-ahv-yift)*
marked "**Service inkludert,**" eller "**Alle priser er inklusive MVA (merverdiavgift) og**

(sair-vair-ings-ahv-yift)
serveringsavgift." In that case, your tip has
service charge

(prees-en-uh)
allerede been included **i prisene og ingenting**
                           price   nothing

additional **er** necessary. (However, if the

service was **meget bra, så** another 5% may be
                         good

left **for** your **kelner.) Når du** give **kelneren**

(peng-en-uh)   *(vær)*   *(shaw)* *(go)*
pengene, be sure to say, "**Vær så god.**"
money the

Vær så god.

Takk.

☐ **et skip** *(sheep)*	ship, boat	_____
☐ **en skole** *(skoh-luh)*	school	_____
☐ **Spania** *(spah-nee-ah)*	Spain	_____
— **hvor de snakker spansk** *(spahnsk)*		_____
☐ **en sport** *(sport)*	sport	_____

Remember these key **ord når** dining out **i Norge.**

(spees-uh-cart) *(men-ee)* *(rine-ing-en)*
et spisekart or **en meny** **regningen**
menu bill the
(kel-ner) *(fruh-ken)*
en kelner **en frøken**
waiter Miss (waitress)

(ær)
Politeness **er meget viktig i Norge. Du** will feel more **norsk** if **du** practice **og** use these

(bay-yuhn) *(fah-mil-yuh)* *(un-shil)*
expressions. **Begynn nå med** your friends **og familie.** **unnskyld**
begin

(vær) (shaw) (go) *(vær) (shaw) (snil)* *(tuck)* *(mahng-uh)*
vær så god **vær så snill** **takk** **mange takk**
please be so kind many thanks

(hær) (ær) *(rine-ing-en)*
Her er a sample **samtale** involving paying **regningen når** leaving **et hotell.**

(gewd-roon) *(rine-ing-en)*
Gudrun: **Unnskyld. Jeg vil betale regningen.**
to pay
(hoh-tel-vært) *(vil-ket)*
Hotellvert: **Ja, værsågod. Hvilket rom var det?**
hotelkeeper which was

Gudrun: **Nummer tre hundre og ti.**

(uh-ee-uh-blik) *(snil)*
Hotellvert: **Takk. Ett øyeblikk, er du snill.**
moment if you please

(bleer)
Hotellvert: **Her er regningen. Det blir to hundre og femti kroner og tjuefem**
comes to

øre (kr. 250,25).

Gudrun: **Vær så god.(og Gudrun** hands him **tre hundrekronesedler.**

(see-er)
Hotellverten returns shortly **og sier)**

(kvit-air-ing-en) *(vek-shlah-peng-en-uh)* *(ad-yuh)*
Hotellvert: **Her er kvitteringen og vekslepengene** (kr. 49,75). **Mange takk. Adjø.**
receipt the change good bye

(pro-blame-er) *(nohm-ren-uh)* *(pær-shone-en)*
Simple, right? If **du har** any **problemer med numrene,** just ask **personen** to write out
problems person

(forsh-tore) *(rik-tee)*
numrene, so that **du** can be sure **du forstår alt riktig.**
correctly

(shaw) *(skreev)* *(mahng-uh)*
Vær så snill og skriv numrene. Mange takk!
be so kind write

(nee-uh)
Let's take a break from **penger og,** starting **på den neste side,** learn some **nye** fun **ord.**

☐ **en stasjon** *(stah-shone)*	station, depot	_____
☐ **en stat** *(staht)*	state	_____
— **De Forente Stater** *(for-aint-uh) (staht-er)* . .	United States	_____
☐ **en statue** *(stah-too-uh)*	statue	_____
☐ **stille** *(stil-uh)*	still, quiet	_____

Han er frisk. *(frisk)* healthy

Han er syk. *(seek)* sick

Det var godt. *(gawt)* good

Det var ikke godt.

Det var dårlig. *(dore-lee)* bad

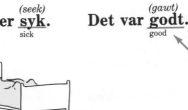

(vahn-uh)
Vannet er varmt. water — warm *(grah-der)*
Det er 35 grader.

Vannet er kaldt. cold
Det er 17 grader.

HØYT

lavt

Han snakker høyt. *(huh-eet)* loudly

Du snakker lavt. *(lahvt)* softly

Den røde linjen er kort. *(lin-yen)*

Den blå linjen er lang. *(lahng)*

Kvinnen er stor. big

(dah-ter-en) **Datteren er liten.** *(lee-ten)*
daughter — little

Den røde boka er tykk. *(tik)* thick

Den grønne boka er tynn. *(tin)* thin

openfor

venstre   høyre

nedenfor

(hyeel-oh-may-ter) (ee) (teem-en)
20 kilometer i timen
per hour

(lahng-sohmt)
langsomt
slow

200 kilometer i timen

fort
fast

☐ **stopp!** *(stohp)* .... stop!
☐ **en storm** *(storm)* .... storm
☐ **Sverige** *(svay-ree-uh)* .... Sweden
— **hvor de snakker svensk** *(svensk)*
☐ **en symfoni** *(sim-fone-ee)* .... symphony

66

(fyel-en-uh) *(huh-ee-uh)(dee)* *(may-ter)*
Fjellene er høye. De er 2000 meter høye.
mountains   high

(lahv-uh) *(bah-ruh)*
Fjellene er lave. De er bare 800 meter høye.
low   only

(gah-mel) *(ore)*
Bestefaren er gammel. Han er sytti år gammel.
old   years

(ohngt) *(bah-ruh)*
Barnet er ungt. Han er bare ti år gammel.
child   young   only

(deert) *(day)*
Hotellrommet er dyrt. Det koster kr. 300,50.
expensive

(pahng-shones-rom-uh) *(bil-ee)*
Pensjonsrommet er billig. Det koster kr. 95,00.
inexpensive

(reek) *(day)* *(mahng-uh)*
Jeg har kr. 10.000. Jeg er rik. Det er mange penger.
rich   a lot

(fah-tee) *(lee-tuh)*
Han har kr. 5,00. Han er fattig. Det er lite penger.
poor   little

(dee) *(nee-uh)*
Her er de nye verbene.

(vet)
vet = know
(a fact, an
address, etc.)

(kahn)
kan = can, able to

(maw)
må = must, have to

(lay-sir)
leser = read

_____   _____   *må, må*   _____

"Kan," "må" og "vil" er verb which fit neatly into our plug-in formula **og er også meget**

similar to **engelsk.** Practice the **eksempler nedenfor.** Remember that the second **verb har**
(ek-sem-pler)

ikke "-r."

(yœ-ee) *(snah-kuh)*
Jeg kan snakke norsk.
can   speak
(lay-suh)
Jeg kan lese norsk.
read

Jeg kan forstå norsk.

(spee-suh)
Vi må spise nå.
must   eat
(bet-ahl-uh)
Vi må betale nå.
pay

Vi må lære norsk.

(dee) *(forsh-taw)*
De vil forstå norsk.
want to understand
(lær-uh)
De vil lære norsk.
learn

De vil snakke norsk.

☐ **sur** *(soor)* .... sour   _____
 — **surmelk** *(soor-melk)* .... sour milk, buttermilk   _____
☐ **Sveits** *(svites)* .... Switzerland   _____
 — **hvor de snakker tysk, fransk og italiensk**   _____
☐ **en sønn** *(suhn)* .... son   _____   67

Study their pattern closely as **du** will use these **verb ofte.** *(ohf-tuh)*

(vet)
vet
know

Jeg _**vet**_ hvor hotellet er.

Du _____ noe. *(no-uh)*
something

Han
Hun _____ hva adressen er.
Det   what

Vi _____ ikke.

De _____ bare litt. *(bah-ruh) (lit)*
only   a little

(kahn)
kan
can, able to

Jeg _____ snakke norsk.

Du _**kan**_ forstå norsk. *(forsh-taw)*

Han
Hun _____ finne hotellet.
Det

Vi _____ snakke engelsk.

De _____ forstå dansk.

(maw)
må
must, have to

Jeg _____ betale regningen. *(rine-ing-en)*

Du _____ kjøpe billetter. *(hyuh-puh)*
buy

Han
Hun _**må**_ ta en drosje. *(tah) (droh-shuh)*
Det   take   taxi

Vi _____ lære norsk.

De _____ sende en pakke.

(lay-sir)
leser
read

Jeg _____ ei bok.

Du _____ en avis. *(ah-vees)*
newspaper

Han
Hun _____ mye. *(mee-uh)*
Det   a lot

Vi _____ ingenting.

De _**leser**_ norsk.

Kan du translate these thoughts **nedenfor på norsk? Svarene er nede.** *(ær)*

1. I can speak Norwegian. _____

2. He must pay now. _**Han må betale nå.**_

3. We know what the address is. _____

4. They must pay the bill. _____

5. She knows a lot. _____

6. I can speak a little Norwegian. _____

How are du doing **med** your **"æ"** sound? Remember "hat" **og** say så, **Jeg lærer norsk nå.** *(yæ-ee) (lær-er)*

Værsågod. *(vær-shaw-go)* **Hva er i veien?** *(ær) (væ-ee-en) (ær)*
what is wrong
Er det noe problem? *(no-uh) (pro-blame)*
some
Nei! *(næ-ee)* **Jeg snakker bra, jeg.** *(yæ-ee)*
no   I do!
Perfekt! *(pær-fekt)*

Nå, draw **linjer** *(lin-yer)* **mellom** *(mel-ohm)* the opposites **nedenfor.** Do **ikke** forget to say them out loud.
lines   between

Use **disse** *(dis-uh)* **ordene** every **dag** *(dahg)* to describe **tingene i huset, på skolen,** *(skoh-len)* at work, etc.
these   at   school

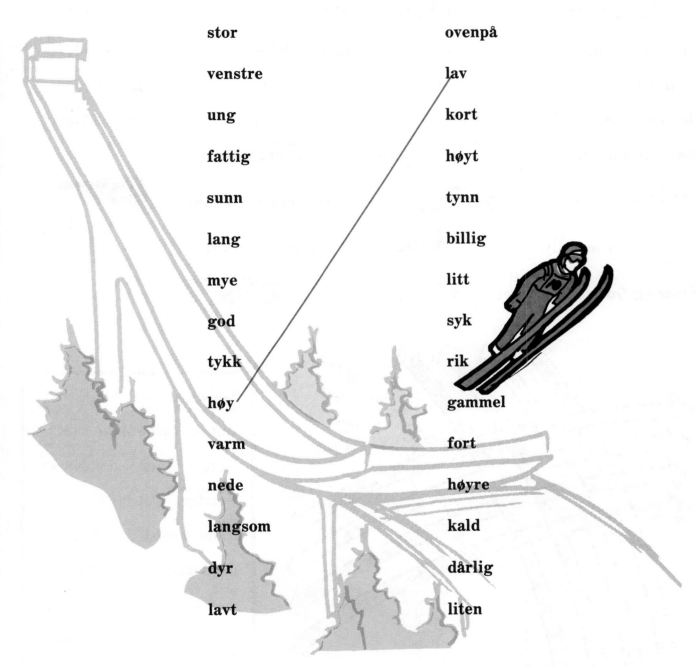

stor	ovenpå
venstre	lav
ung	kort
fattig	høyt
sunn	tynn
lang	billig
mye	litt
god	syk
tykk	rik
høy	gammel
varm	fort
nede	høyre
langsom	kald
dyr	dårlig
lavt	liten

While **i Norge du** will most likely see **ordet** **gammel** *(gah-mel)* combined **med** **byen,** *(bee-en)* becoming
old   city

gamlebyen. *(gahm-luh-bee-en)* **Hva er det?** Old town, of course! Be sure to visit it.

☐ **tennis** *(ten-is)* .... tennis   _____
☐ **tinn** *(tin)* .... tin or pewter   _____
☐ **et toalett** *(toe-ah-let)* .... toilet   _____
  — toalettpapir *(toe-ah-let-pah-peer)* ..... toilet paper _____
☐ **en tobakk** *(toe-bahk)* .... tobacco   _____

Step 17

En **Reisende Reiser**

(ræ-ees-end-uh) *(ræ-ees-er)*

traveler   travels

I går til Bergen! *(ee)*   I dag til Trondheim!   I morgen til Tromsø!

Traveling **er lett**, clean **og** efficient **i Norge**. **Norge er ikke stort**; in fact, **det er** only *(ær)(let)* *(day)(ær)*

easy   big

slightly larger than New Mexico. However the country **er** 1,100 miles long **og** skinny **så**

that **en reise fra Kirkenes til Oslo** would be like traveling **fra** Boston **til** Atlanta. **Men** *(ræ-ees-uh)*

trip   but

det er lett og scenic **å reise i Norge**. **Hvordan reiser du i Norge?** *(aw)(ræ-ees-uh)* *(ræ-ees-er)*

easy   to   travel   how

Alf reiser med bil. *(ræ-ees-er)(may) (beel)*   **Tordis reiser med tog.** *(tawg)*

Randi reiser med fly. *(flee)*   **Åge reiser med båt.**

Einar og Gudrun reiser med ferje og hurtigruta. *(eye-nar)* *(fair-yuh)* *(her-tee-root-ah)*

ferry   steamer

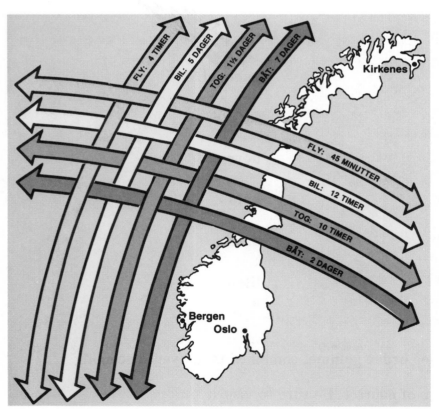

FLY: 4 TIMER
BIL: 5 DAGER
TOG: 1½ DAGER
BÅT: 7 DAGER

Kirkenes

FLY: 45 MINUTTER
BIL: 12 TIMER
TOG: 10 TIMER
BÅT: 2 DAGER

Bergen
Oslo

Ser du kartet til venstre? *(sair)* *(kart-uh)*

see   map

Det er Norge, ikke sant? *(sahnt)*

not   true (isnt it)

Norge ligger ved siden av *(lig-er)* *(vay)* *(seed-en)* *(ahv)*

lies   next to

Sverige. Det tar fire *(svay-ree-uh)*

Sweden

timer å reise fra sør til *(teem-er)* *(aw)*

hours

nord med fly, fem dager

med bil og sju dager med

båt. Det var godt, ikke *(bawt)* *(gawt)*

boat   is   isn't

sant? Jo! *(yoh)*

it   yes

☐ **en topp** *(tawp)* .... top, summit
☐ **trafikk** *(trah-feek)* .... traffic
☐ **en tunnel** *(tuh-nel)* .... tunnel
☐ **en tur** *(toor)* .... trip, tour, ride, turn
— **god tur!** *(go) (toor)* .... Have a good trip!

Nordmenn *(leek-er)* liker å *(aw)* *(ræ-ees-uh)* reise, so det er no surprise to find mange ord built on ordet "reise" *(ræ-ees-uh)*

which means "journey" eller "trip." Practice saying the following ord mange ganger. *(gahng-er)* times

Du will see them ofte. *(ohf-tuh)*

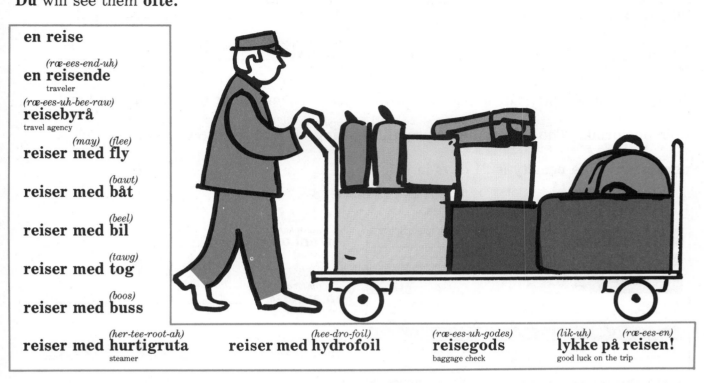

en reise

en reisende *(ræ-ees-end-uh)*
traveler

reisebyrå *(ræ-ees-uh-bee-raw)*
travel agency

reiser med fly *(may) (flee)*

reiser med båt *(bawt)*

reiser med bil *(beel)*

reiser med tog *(tawg)*

reiser med buss *(boos)*

reiser med hurtigruta *(her-tee-root-ah)*
steamer

reiser med hydrofoil *(hee-dro-foil)*

reisegods *(ræ-ees-uh-godes)*
baggage check

lykke på reisen! *(lik-uh) (ræ-ees-en)*
good luck on the trip

Nedenfor er *(ær)* some basic signs which du skulle lære *(skuh-luh) (lær-uh)* to recognize quickly. Most of disse *(dis-uh)* these
should

ordene kommer fra ordet "gang" which indicates "movement" eller "walking."

en inngang *(in-gahng)* _____
entrance

en hovedinngang *(ho-ved-in-gahng)* _____
main entrance

en utgang *(oot-gahng)* *en utgang*
exit

en nødutgang *(nuhd-oot-gahng)* _____
emergency exit

ingen adgang *(ing-en) (ahd-gahng)* _____
no entrance

INNGANG

UTGANG

INGEN ADGANG

adgang forbudt *(ahd-gahng) (for-buht)* _____
entrance forbidden

☐ **en turist** *(toor-ist)* .... tourist _____
— **et turistbyrå** *(toor-ist-bee-raw)* ..... travel agency _____
— **et turistkontor** *(toor-ist-kohn-tor)* ... tourist office _____
☐ **tykk** *(tik)* .... thick, fat, big _____
☐ **Tyrkia** *(tir-kee-ah)* .... Turkey _____

71

Mange nordmenn reiser *(ræ-ees-er)* **med bil.** *travel* **If du** choose **å reise** *(ræ-ees-uh)* **med bil også,** *to travel* **her er** *(hær) (ær)* a few

(vik-tee-uh)
viktige ord.

(beel-værk-sted)
bilverksted _____
car repair

(beel-oot-læ-ee-uh)
bilutleie _____
car rental

(reeks-væ-ee)
riksvei *riksvei*
state highway

(moh-tor-væ-ee)
motorvei _____
highway

Norge har meget strict drunk-driving laws **så** just remember not to drive **når du har** had

even one drink. The offense **heter** *(het-er)* **promillekjøring** *(pro-mil-uh-hyuhr-ing)* **og** *so* it applies to travelers as well as

nordmenn. The penalty is 21 days in jail!

Her er fire meget viktige opposites.

NORDLANDSBANEN				
Avg. Trondheim	08.10	Ank. Bodø	19.45	Restaurantvogn
Avg. Bodø	08.50	Ank. Trondheim	20.40	Restaurantvogn
BERGENSBANEN				
Avg. Oslo	15.45	Ank. Bergen	22.30	Restaurantvogn
Avg. Bergen	15.05	Ank. Oslo	22.00	Restaurantvogn
SØRLANDSBANEN				
Avg. Oslo	08.05	Ank. Stavanger	16.17	Kafeteriavogn
Avg. Stavanger	13.40	Ank. Oslo	21.55	
				Oslo–Kr.sand–Oslo
DOVREBANEN				
Avg. Åndalsnes	12.00	Ank. Oslo	19.38	Kafeteriavogn
Avg. Oslo	10.00	Ank. Åndalsnes	17.00	følger toget

(ahn-kohmst)
en ankomst _____
arrival

(ahv-ræ-ees-uh)
en avreise _____
departure

(in-en-lahnds)
innenlands *innenlands*
domestic

(oot-en-lahnds)
utenlands _____
foreign

Let's learn the basic travel **verb.** Follow the same pattern **du har** in previous Steps.

(fleer)
flyr = fly
_____

(lahnd-er)
lander = land
lander

(bes-til-er)
bestiller = reserve
_____

(kohm-er)
kommer til = arrive at/in

(gore)
går fra = depart/leave from

(hyuhr-er)
kjører = drive

(steeg-er)
stiger = climb
_____

(steeg-er)
stiger på = climb aboard

(steeg-er) (ahv)
stiger av = get off

(bit-er)
bytter = change/swap

(bit-er) (tawg)
bytter tog = change trains

☐ **ull** *(uhl)*	wool
☐ **underklær** *(oon-er-klær)*	underclothes
☐ **Ungarn** *(ong-arn)*	Hungary
— hvor de snakker ungarsk *(ong-arshk)*	
☐ **et univetsitet** *(oon-ee-værsh-ih-tate)*	university

Med disse verbene er du klar *(may)* *(klahr)* for any **reise** *(ræ-ees-uh)* anywhere. **Du skulle ikke ha problemer med** *(skuh-luh)* *(pro-blame-er)*
ready should

disse verbene; just remember the basic "plug-in" formula **du** learned **allerede og** translate

the following thoughts **på norsk. Svarene er nede.**

1. I fly to Oslo. _____

2. I change trains in Kristiansand. _____

3. He lands in Trondheim. _____

4. We arrive in Gol tomorrow. _____

5. You get off in Stavanger. _____

6. They travel to Kirkenes. _____

7. Where is the train to Lillehammer? _____

8. How can you fly to Norway? With Lufthansa or SAS? _____

_____

Her er noen nye ord for reisen. *(hær)* *(no-en)* As always, write out **ordene og** practice the sample
some trip

sentences out loud.

(spore)
et spor
(train) track

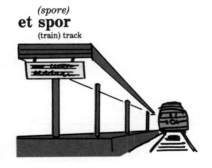

(yærn-bahn-uh-stah-shone)
en jernbanestasjon
train station

(flee-plahs)
en flyplass
airport

et spor
_____

Unnskyld. Hvor er spor to?

Unnskyld. Hvor er jernbanestasjonen?

Unnskyld. Hvor er flyplassen?

SVAR

1. **Jeg flyr til Oslo.**
2. **Jeg bytter tog i Kristiansand.**
3. **Han lander i Trondheim.**
4. **Vi kommer til Gol i morgen.**

5. **Du stiger av i Stavanger.**
6. **De reiser til Kirkenes.**
7. **Hvor er toget til Lillehammer?**
8. **Hvordan flyr du til Norge? Med Lufthansa eller SAS?**

(vek-shlah-kohn-tor)
et vekslekontor
money-exchange office

VEKSLEKONTOR

(hih-tuh-godes-kohn-tor)
et hittegodskontor
lost-and-found office

HITTEGODSKONTOR

(tawg-tah-bel)
en togtabell
train schedule

OSLO — TRONDHEIM						
Km		Et.✕	m✕	Et.✌	Et.✕	✌	✌
0 Fra Oslo S. ...	7.13	10.00	s 14.13	k15.00	r 15.13	15.42
21 - Lillestrøm .	▶7.34	▶10.22	◗ ▶14.34	▶15.22	◗▶ 15.34	▶16.08
68 - Eidsvoll		10.58				16.48
126 Til Hamar.....	8.49	11.41	15.55	k 16.39	16.52	17.33
Fra Hamar.....	8.51	11.45	15.57	k 16.41	16.54	17.45
140 - Brumunddal		11.50				18.00
157 - Moelv		12.14				18.20
184 - Lillehammer	9.39	12.41	16.45	k17.30	17.42	18.53
242 - Ringebu ...	10.21	13.36		18.13	18.25	19.50
266 - Vinstra ...	10.38	13.58		18.31	18.47	20.12
297 Fra Otta	11.01	14.28	18.17	18.56	r 19.09	20.40
343 Til Dombås ...	11.33	15.02	18.51	19.28	til	til

Unnskyld. Hvor er et vekslekontor?

Unnskyld. Hvor er hittegodskontoret?

Unnskyld. Hvor er togtabellen?

(ohp-taht)
opptatt _____
occupied

(lay-dee)
ledig _____
free

(vaung)
en vogn *en vogn*
train car

(plahs)
en plass _____
seat

(den-uh)
Er denne plassen opptatt? _____
this

Er denne plassen ledig? _____

(plahs-bil-let)
Trenger jeg plassbillett? _____
need · seat ticket

Practice writing out the following **spørsmål. Det** will help you **senere.**
(say-ner-uh) later

Unnskyld. Hvor er toalettet? *Unnskyld. Hvor er toalettet?*

Unnskyld. Hvor er vogn sju til Bergen? _____

(ven-ter-rom-uh)
Unnskyld, hvor er **venterommet?** _____
waiting room

(bil-let-loo-ken)
Unnskyld, hvor er **billettluken?** _____
ticket window the

(ruh-ee-king) (for-buht)
Er **røyking forbudt?** _____
smoking · prohibited

På norsk er "u" ofte the equivalent of "un-," "im-" **eller** "in-" **på engelsk.**
- ☐ **upersonlig** *(oo-pær-shone-lee)* .... impersonal _____
- ☐ **upopulær** *(oo-poh-poo-lær)* .... unpopular _____
- ☐ **upraktisk** *(oo-prak-tisk)* .... impractical _____
- ☐ **uvel** *(oo-vel)* .... unwell, ill _____

74

Increase your **reiseord** *(ræ-ees-uh-ord)* by writing out **ordene nedenfor og** practicing the sample sentences
out loud.

til _____
to
Hvor er toget til Bergen?

tid *(teed)* *tid, tid, tid*
time
Jeg har dårlig tid.
little

et spor _____
Toget går fra spor sju.

en perrong *(pair-ohng)* _____
platform
Toget går fra perrong to.

reisegods *(ræ-ees-uh-godes)* _____
baggage office
Hvor finner jeg reisegods?

Ta plass! _____
take place (all aboard)

Practice **disse ordene hver dag.** *(vær)* **Du** will be surprised how **ofte du** will need them. **Kan**
every
can
du lese *(lay-suh)* the following?
read

Du sitter nå i flyet og flyr til Norge. *(ee)* **Du har** exchanged **penger** (you have, haven't you?),
sit
du har billetten og passet og du har koffertene packed. **Du er turist nå. Du kommer**
suitcases the
til Norge i morgen klokka 14:15. God tur! God fornøyelse! *(go)* *(for-noy-el-suh)*

Nå har du arrived **og du** head for **jernbanestasjonen** *(yærn-bahn-uh-stah-shone-en)* in order to get to your final
destination. **Norske tog** *(tawg)* come in many shapes, sizes **og** speeds. **Det er ekspresstog** *(day)* *(ek-spres-tawg)*
express train
(meget fort), **hurtigtog** *(her-tee-tawg)* (fort), **lokaltog** (meget langsomt) og **forstadstog.** *(forsh-tahds-tawg)* Some **tog**
fast train
local train
suburban train
har **spisevogn** *(spees-uh-vawng)* og some **tog har sovevogn.** *(saw-vuh-vawng)* All this will be indicated on **togtabellen, men** *(tawg-tah-bel-en)*
dining cars
sleeping cars
but
remember, **du vet også hvordan du spør om ting** like this. Practice your possible
know
ask
about *(spur)*
spørsmål combinations by writing out the following samples.

Er det spisevogn på toget? *(spees-uh-vawng)* *Er det* _____

Er det sovevogn på toget? *(saw-vuh-vawng)* _____

Er det sovevogn på ekspresstoget? _____

☐ **en vaffel** *(vah-fel)* . . . . waffle _____
☐ **en valnøtt** *(vahl-nuht)* . . . . walnut _____
☐ **vegetariansk** *(veg-et-ahr-ee-ahnsk)* . . . . . . vegetarian _____
☐ **velkommen** *(vel-kohm-en)* . . . . welcome _____
— **velkommen til Norge** . . . . welcome to Norway

What about inquiring about **prisen** *(prees-en)* of **billetter**? *(bil-let-er)* **Du kan også spørre om det.** *(kahn)* *(spur-uh)* *(ohm)(day)*
                                                                                                          ask   about that

Hva koster en billett til Åndalsnes? *(coast-er)* *(awn-dahls-næs)* _____

enkelt *(eng-kelt)* *enkelt*   **tur-retur** *(toor-ray-toor)* _____
one-way   round-trip

Hva koster en billett til Røros? *(ruhr-ohs)* _____

Hva koster en billett til Porsgrunn? *(porsh-gruhn)* _____

Enkelt eller tur-retur? _____

What about **avgang og ankomst** times? **Du kan også spørre om det.** *(spur-uh)* *(ohm)*
         departure   arrival

Når går toget til Skien? *(shee-en)* *Når går toget til Skien?*

Når går flyet til Kjøbenhavn? *(hyuh-ben-hahvn)* _____

Når kommer toget fra Fredrikstad? _____

Når kommer flyet fra Kalifornia? _____

Du have arrived **i Norge. Du er på jernbanestasjonen nå.** *(yærn-bahn-uh-stah-shone-en)* **Hvor** would **du** like to go?

Well, tell that to **personen ved luken** selling **billetter.** *(pær-shone-en) (vay) (loo-ken)*
                   person   at

Jeg vil reise til Myrdal, takk. *(meer-dahl)* _____

Jeg vil reise til Gjøvik. *(yuh-veek)* _____

Vi vil reise til Kongsberg. *Vi vil reise til Kongsberg.*

Når går toget til Kongsberg? _____

Hva koster en billett til Kongsberg? _____

Jeg vil ha en billett til Kongsberg, takk. _____

første klasse *(firsh-tuh) (klah-suh)* _____ **annen klasse** *(ahn-en)* _____
first   second

Enkelt eller tur-retur? _____

Røyker eller ikkerøyker? *(ruh-eek-er)* *(ick-uh-ruh-eek-er)* _____
smoking   non-smoking

Må jeg bytte tog? *(maw)* *(bit-uh)* _____ **Takk.** _____
must   change

Med this practice, **er du** off **og** running. **Disse reiseordene** will make your holiday twice *(may)* *(ær)* *(dis-uh)* *(ræ-ees-uh-ord-en-uh)*

as enjoyable **og** at least three times as easy. Review **disse nye ordene** by doing the

crossword puzzle **på side** 77. *(seed-uh)* Practice drilling yourself on this Step by selecting

other locations **i Norge og i Europa og** asking your own **spørsmål** about **tog, busser eller** *(tawg) (boos-er)* *(ow-roh-pah)*

(flee)
fly that go there. Select **nye ord** from your **ordbok og** practice asking **spørsmål** that

(bay-yuhn-er)
begynner med | **HVOR** | **NÅR** | **HVA KOSTER** | **HVOR OFTE** | **eller**
how

making statements like **Jeg vil reise til Stavanger.**

(hyuh-puh)
Jeg vil kjøpe en billett.

ACROSS

1. suitcase
2. at two o'clock
3. hours
4. train station
5. first class
6. arrival
7. money
8. round trip
9. to
10. exit
11. passport
12. sit/sits
13. take/takes
14. book of routes
15. Norwegian
16. when
17. forbidden
18. airport

DOWN

1. comes
2. ferry
3. non-smoking
4. train car
5. gets off
6. costs
7. ticket
8. order/orders
9. occupied
10. travel agency
11. train schedule
12. go/walk
13. east
15. thank you
16. have a good trip
17. excuse me

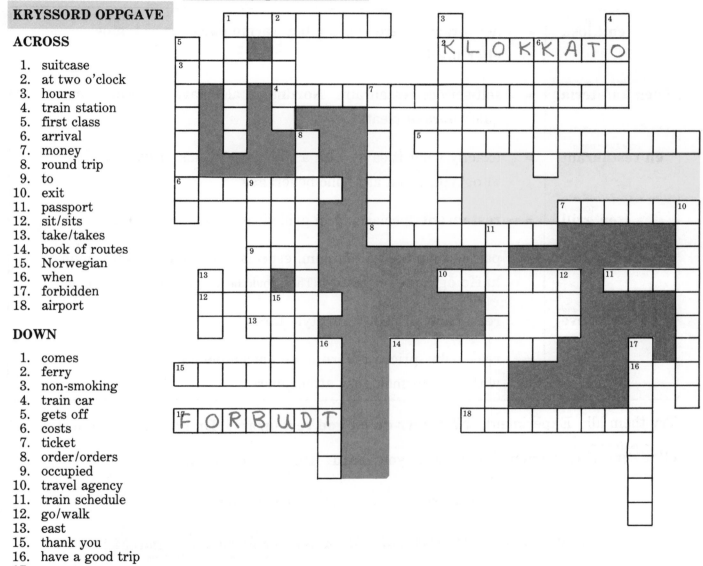

Step 18

Spisekartet eller Menyen
(spees-uh-kart-uh) *(men-ee-en)*
menu

Nå er du i Norge og du har et hotellrom. Og hva nå? Du er sulten *(sool-ten)*. Du vil spise *(spees-uh)*. Men *(but)*

hvor er en god *(go)* restaurant? First of all, det er *(day)* different types of places to eat.

en kiosk *(hyee-ohsk)*	=	newsstand where you can buy **varme pølser** *(puhl-ser)* weiners **med lompe** *(lohm-puh)* tortilla-like bread **eller brød**
en kafeteria *(kah-fet-air-ee-ah)*	=	self-service restaurant. **Nordmenn** also have **snackbar** *(snek-bar)* for quick **norske** treats
en restaurant *(res-tuh-rahng)*	=	exactly what it says, with a variety of meals; usually serves **øl og vin,** often alcoholic beverages
en grill *(greel)*	=	**restaurant** specializing in grilled fish, meats **og** poultry
et konditori *(cone-dee-tor-ee)*	=	pastry shop **med** a tearoom, especially popular for afternoon **kaffe og kake** *(kah-kuh)* cake or pastry (This should be a regular fun stop every day!)
ei kaffistove *(kah-fee-stoh-vuh)*	=	reasonably-priced, rural-style fare
ei kro *(kro)*	=	reasonably priced tavern; menu is simple and inexpensive with an informal, cozy atmosphere

Try them all. Experiment. **Nå finner du en god restaurant. Du går inn og kelneren**

eller serveringsdamen *(sair-vair-ings-dah-men)* shows you to your **bord. Du spør** *(spur)* **kelneren,** ask

> **"Kan jeg få spisekartet** *(spees-uh-kart-uh)* **og vinlisten?"** *(veen-list-en)*
> wine list the

Kelneren sier, "Værsågod. Vil du også se på *(say)* **smørbrødlisten?"** *(smuhr-bruh-list-en)*
to look at   open-face sandwich menu

I Norge it is common to have a choice of either warm dishes **eller** a lighter meal of

smørbrød, *(smuhr-bruh)* open-faced sandwiches. This **er** a Scandinavian specialty that **er** as pleasing to

the eye as it is to the palate.

☐ **Vesten** *(vest-en)*	the West, western world	_____
— **det Ville Vesten**	the Wild West	_____
☐ **en vin** *(veen)*	wine	_____
— **et vinglass** *(veen-glahs)*	wine glass	_____
— **et vinkart** *(veen-kart)*	wine list	_____

I **Norge er det tre** main **måltider** *(mawl-teed-er)* to enjoy **hver dag,** *(vær)* plus late-afternoon "**kaffe**" – coffee
meals   every
og pastry. It's a must **for den trette reisende.** *(tret-uh)* *(ræ-ees-end-uh)*
                                                    tired   traveler

frokost *(fro-kohst)*	=	breakfast .	a substantial **koldtbord** *(colt-bord)* or cold buffet, with eggs, meats, cheeses, breads and coffee. This meal can keep you going most of the day, so enjoy it. Be sure to check serving times before you retire for the night.
lunsj *(luhnsh)*	=	lunch	generally served from 11:00 to 13:00; predominantly **smørbrød** (varied open-face sandwiches) **eller koldtbord.**
middag *(mid-ahg)*	=	dinner . . .	available either at the traditional time, 14:00 to 17:00 **eller** beginning around 19:00.

If **du** look around you **på restauranten, du** will see that some **norske** table manners are
different from ours. **For eksempel, nordmenn** keep both hands on the table **og** in action.
Even **smørbrød** are eaten **med kniv** *(kneev)* **og gaffel** *(gah-fel)* – **kniven** *(kneev-en)* in the right hand **og gaffelen** *(gah-fel-en)*
                                              knife   fork
in the left, of course. **Du** will find that Europeans eat at a much more leisurely pace than
amerikanere, so do **ikke** be surprised if **kelneren** takes a long time in bringing the various
courses **og regningen! I Norge,** it is customary to say to the host, "**Takk for maten**" *(tuck)* *(mah-ten)*
                                                                                                  thanks for food the
after **måltider,** *(mawl-teed-er)* to which the response **er,** "**Vel bekomme.**" *(vel)* *(bek-ohm-uh)*
                                                                          you're welcome

Nå, it may be **frokost** time **i Denver, men du er i Norge og klokka er** 18.00 Most
                                                                but
restauranter post **spisekartet ute.** *(spees-uh-kart-uh)* *(oot-uh)* Always read it before entering so **du vet** what type of
                                                            outside
retter og priser du *(ret-ter)* *(prees-er)* will encounter **inne.** *(in-uh)* Most **restauranter også** offer **dagens rett, eller** *(dah-gens)*
dishes   inside
the special of the day. These are complete **måltider** at fair **priser.** *(prees-er)* In addition, **det er** the
following main categories **på spisekartet.**

— **vinkjeller** *(veen-hyel-ler)*	wine cellar	_____
— **vinmonopol** *(veen-mohn-oh-pole)*	state wine & liquor monopoly	_____
☐ **vintersport** *(vin-ter-sport)*	winter sport	_____
☐ **voks** *(vawx)*	wax (for skis)	_____
☐ **våt** *(vawt)*	wet	_____

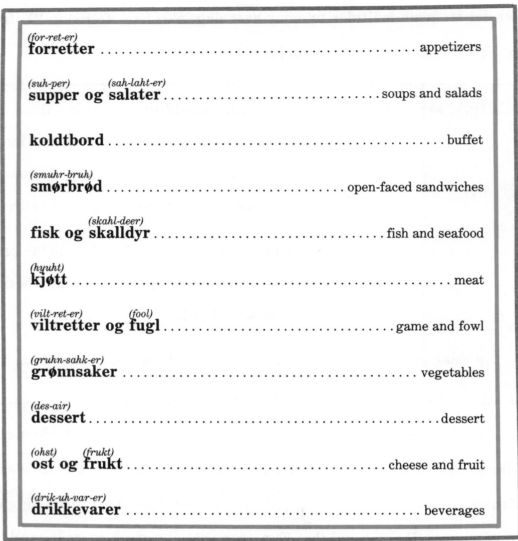

(for-ret-er)
forretter .... appetizers

(suh-per) *(sah-laht-er)*
supper og salater .... soups and salads

koldtbord .... buffet

(smuhr-bruh)
smørbrød .... open-faced sandwiches

(skahl-deer)
fisk og skalldyr .... fish and seafood

(hyuht)
kjøtt .... meat

(vilt-ret-er) *(fool)*
viltretter og fugl .... game and fowl

(gruhn-sahk-er)
grønnsaker .... vegetables

(des-air)
dessert .... dessert

(ohst) *(frukt)*
ost og frukt .... cheese and fruit

(drik-uh-var-er)
drikkevarer .... beverages

Most **restauranter også** offer **spesialretter, eller** special meals, prepared **på norsk manér.** *(spes-ee-ahl-ret-er)* specialties *(mahn-air)* in Norwegian manner

If **du** happen to be travelling **med barn,** look for **barnemenyen.** *(barn-uh-men-ee-en)* children children's menu **Nå** for a preview of

delights to come . . . At the back of this **bok, finner du** a sample **norsk spisekart.** *(spees-uh-kart)* **Les** *(lace)* read

spisekartet i dag og lær de nye ordene! learn **Når du er klar** ready to leave for **Europa,** *(ow-roh-pah)* cut out

spisekartet, fold it **og** carry it in your pocket, wallet, **eller** purse. **Du kan gå inn i** *(ee)* into any

restaurant og feel prepared! (May I suggest studying **spisekartet** after, **og ikke** before,

du har eaten!)

Most "w" **ord** are foreign additions to **norsk.**
- ☐ **et W.C.** *(vay-say)* .... toilet (water closet)
- ☐ **en weekend** *(veek-end)* .... weekend
- — **en weekendtur** *(veek-end-toor)* ...... weekend trip
80 ☐ **en whisky** *(visk-ee)* .... whisky

In addition, learning the following should help you to identify **hva** kind of meat **eller**
what

poultry **du bestiller og hvordan det** will be prepared.

(ohk-suh-hyuht)
oksekjøtt
beef

(kahlv-uh-hyuht)
kalvekjøtt
veal

(sveen-uh-hyuht)
svinekjøtt
pork

(fawr)
får
mutton

(huns)
høns
poultry

(vilt)
vilt
wild game

(kohkt) **kokt**	=	cooked
(ohvn-stekt) **ovnstekt**	=	roasted
(stekt) **stekt**	=	fried
(bahkt) **bakt**	=	baked
(gril-et) **grillet**	=	grilled
(ruhkt) **røkt**	=	smoked

Du will **også** get **poteter med smør og** usually **grønnsaker med** your **måltid. Én dag** at
(po-tate-er) potatoes *(smuhr)* butter *(grun-sahk-er)* vegetables *(mawl-teed)* meal one

an open-air **marked** will teach **navnene** of all the different kinds of **grønnsaker og frukt,**
(mahr-ked) market *(nahv-nen-uh)* names the vegetables

plus it will be a delightful experience for you. **Du kan** always consult your menu guide at

the back of **denne boka** if **du** forget **de riktige navnene. Nå har du** decided **hva du vil ha**
(den-uh) this book *(rik-tee-uh)*

å spise og kelneren kommer.
(aw) to eat

Noe å drikke?

Jeg vil ha dagens suppe og svinekotelett, takk.

Et glass hvitvin, takk.
(veet-veen)

Do **ikke** forget to treat yourself to **en norsk** *(des-air)* **dessert.** **Du** would **ikke** want to miss out on

(dis-uh)
trying **disse dessertene.**
these

(til-shlur-tuh) *(bond-uh-peek-er)*
tilslørte bondepiker
layered apples, bread crumbs & whipped cream

(kah-rah-mel-puh-ding)
karamellpudding
caramel custard

(fursh-tuh-kah-kuh)
fyrstekake
Prince cake (with almonds)

(ees) *(sho-koh-lah-duh-souse)*
is med sjokoladesaus
ice cream with chocolate sauce

After completing your **måltid,** call **kelneren og** pay just as **som du** *(ahl-er-red-uh)* **allerede har** learned in
                                                                              as   already

Step 16:

Kelner, kan jeg få *(rine-ing-en)* **regningen, takk.**
bill

(spees-uh-kart)
Nedenfor er et sample **spisekart** to help you prepare for your holiday.

BRYGGESTUEN RESTAURANT
MENY

KJØTT

Biff med løk (beefsteak with onions) 65,50
Får-i-kål (mutton and cabbage stew) 63,00
Kjøttkaker med brun saus og rødkål (meatballs with gravy, red cabbage) 58,00
Oksestek med bønner og blomkål (beef roast with beans, cauliflower) 69,00
Svinekotelett med surkål (pork chop with sweet-and-sour cabbage) 70,50

VILTRETTER OG FUGL

Reinsdyrstek med bønner og gulrøtter (reindeer roast with beans, carrots) 95,00
Rype i fløtesaus (grouse in cream sauce) 125,00
Gås med rødkål (goose with red cabbage) 93,00
Kylling med gulrøtter og erter (chicken with carrots, peas) 60,00

DESSERT

Multer med krem (cloudberries with whipped cream) 25,00
Iskrem (ice cream) 11,00
Fruktsuppe (hot fruit cup) 9,00
Fruktkompott med fløte (fruit compote with cream) 12,00

DRIKKEVARER

Rødvin 75,00
Hvitvin 75,00
Øl (beer) 16,00
Mineralvann (mineral water) 15,00
Melk 11,00
Kaffe 7,00
Té 7,00

Service og MVA er inkludert i prisene.

FORRETTER

Gravlaks (marinated salmon) . . . . kr. 45,50
Sursild (pickled herring) 35,00
Røkt laks (smoked salmon) 50,00
Rekecocktail (shrimp cocktail) 29,00

SUPPER

Dagens suppe (soup of the day) 15,00
Løksuppe (onion soup) 17,00
Aspargessuppe (asparagus soup) 15,50
Blomkålsuppe (cauliflower soup) 15,50
Bergensk fiskesuppe (Bergen fish soup) 23,50

SALATER

Agurksalat (cucumber salad) 17,00
Rekesalat (shrimp salad) 25,00
Sildesalat (pickled herring, beets, apples in sour cream) 32,00

FISK OG SKALLDYR

Hummer med erter og blomkål (lobster with peas, cauliflower) . . . 120,00
Krabbe med bønner og gulrøtter (crab with beans, carrots) 120,00
Kokt sild med smør og blomkål (poached herring with butter, cauliflower) 55,00
Kokt torsk med smør og rødbeter (poached cod with butter, beets) 55,00
Fiskepudding med hvit saus og erter (fish mousse with white sauce, peas) 50,00
Fiskeboller med hvit saus og gulrøtter (fish balls with white sauce, carrots) 49,50

□ **ærdun** *(ær-doon)* . . . . eiderdown
□ **økonomi** *(uh-kone-oh-mee)* . . . . economy
□ **ål** *(awl)* . . . . eel
□ **åpningstid** *(awp-nings-teed)* . . . . opening time, business hours
□ **årlig** *(awr-lee)* . . . . yearly, annual

Frokost er *litt* (lit) different **i Norge** because **det er** fairly standardized **og er** generally served buffet style **på hotellet.** At a **pensjon, er frokost** *(pahng-shone)* served continental-style **og** will be included **i prisen** *(prees-en)* of your **rom. Nedenfor er** a sample of what **du kan** expect to greet you **om morgenen.** *morning* **Er du sulten?**

Kontinental Frokost . . . kr. 25,00

et glass appelsinsaft
orange juice

rundstykke med smør og syltetøy *(silt-uh-toy)*
roll   jam

kaffe eller té

Frokost . . . . kr. 32,00

Etter valg:
by   choice

brød og rundstykker

pålegg —
sandwich fixings

   ost: gulost, geitost, *(yite-ohst)*
   cheese yellow, goat

      gammelost, nøkkelost
      old   key

   skinke
   ham

   kryddersild med rømme
   marinated herring   sour cream

fruktsaft

kaffe eller té

A la carte

ett egg, tilberedt etter ønske . . . 11,50
prepared   wish

egg og bacon 17,00

eggeomelett 34,50

varm sjokolade 7,50

melk, kald eller varm 12,50

Viktige Ord Om Frokost
about

Når serveres frokost? *(sair-vair-es)*
is served

Hvor mye koster frokost?

Jeg vil ha speilegg og bacon, takk. *(spœ-eel-egg)*
fried eggs

Jeg tar en kontinental frokost, takk.

Er frokost inkludert i prisen? *(in-kloo-dairt)*
included

Her er a few special greetings **på norsk.**
- ☐ **God jul** *(go) (yool)* . . . . Merry Christmas!
- ☐ **Godt nyttår** *(gawt) (nit-ore)* . . . . Happy New Year!
- ☐ **Gratulerer!** *(grah-tool-air-er)* . . . . Congratulations!
- ☐ **Gratulerer med dagen!** . . . . Happy Birthday!

Step 19

(tay-lay-fohn-en)
Telefonen
telephone the

Hva er different about **telefonen i Norge?** Well, **du** never notice such things until **du**

want to use **dem.** **Det er godt** to know in advance that **telefoner i Norge er** much less
     (dem)   *(gawt)*
     them

numerous than **i Amerika.** Nevertheless, **telefonen** allows you to **bestille hotellrommet** in
                                                 (bes-til-uh)
                                               reserve

another **by,** call friends, **bestille teaterbilletter eller konsertbilletter,** make emergency
     (bee)   *(tay-ah-ter-bil-let-er)*
     city

calls, check on the **åpningstider** of **et museum,** rent **en bil og** all those other things that **vi**
                 (awp-nings-teed-er)   *(moo-say-oom)*   *(beel)*
                 opening hours

gjør on a daily basis. **Du har også** a certain amount of **frihet når du kan** make your own
(yuhr)   *(free-het)*
do   freedom

(tay-lay-fohn-sahm-tahl-er)
telefonsamtaler.
telephone conversations/calls

Having **en telefon på hotellrommet er ikke** as common **i Norge** as **i Amerika.** That

means that **du må** know **hvordan du finner telefonen; på gata,** in the **bar** and in **lobbyen**
                                                     (loh-bee-en)
                                               on   street   lobby

of your **hotell.** **Begynn nå å lære** your **telenfonord:**
            (bay-yuhn)
            begin

(det-uh)
Dette er en norsk telefonkiosk.
this

So far, so good. **Nå** let's read the

instructions for using **telefonen.** This is

one of those moments when you realize,

> **Jeg er ikke i Amerika.**

So let's learn how to operate **telefonen.**

Her er the instructions **for den norske telefonen.** They might look complicated **men du**
but

(skuh-luh)
skulle actually be able to recognize **mange ord allerede.** Let's learn **de nye ordene nå.**
should

Just picture yourself entering **en norsk telefonkiosk,** perhaps **i Bergen eller i Trondheim,**

med penger in **hånd.** Here we go!

Lokal – og fjernvalgsamtaler
long-distance conversations

1. **Løft av telefonrøret og vent på summetonen.**
   lift   receiver   wait   for   dial tone

2. **Legg på minst 2 x 1 krone eller 5 kroner.**
   deposit   at least

3. **Slå telefonnummeret. Retningsnummeret står foran i telefonkatalogene.**
   dial   area code   is found in front   telephone books

   Utenlandsprefiks: 095. Alle siffer slås fortløpende.
   foreign prefix   digits   dialed consecutively

4. **En varseltone angir når betalt taletid er ute. Skal samtalen fortsettes, må nye**
   warning tone   tells   paid   talking time   over   shall   be continued

   mynter legges på innen 10 sekunder etter at varseltonen er startet.
   coins   be deposited   within   after   that

5. **Ubrukte mynter kan tas tilbake fra myntretur etter avsluttet samtale.**
   unused   be taken back   coin return   finished

---

engelsk	norsk	engelsk	norsk
telephone	= **en telefon**	operator	= **en telefonist**
telephone booth	= **en telefonkiosk**	telephone conversation	= **en telefonsamtale**
telephone book	= **en telefonkatalog**	local telephone call	= **lokalsamtale**
telephone number	= **telefonnummer**	long-distance telephone call	*(reeks-tay-lay-fohn)* = **rikstelefon**
telephone/telephones	= **telefonerer**	information	*(ohp-lees-ning-en)* = **opplysningen**
	= **ringer**	area code	*(ret-nings-nohm-mer)* = **retningsnummer**

So **nå vet du hvordan du telefonerer i Norge.** **Du** will find that **norske telefonnummer**

har seks siffer, *(sif-er)* such as 58 09 26. In addition, **er det** *(day)* regional codes like our area codes.
digits

(dis-uh) *(ret-nings-nohm-mer)*
Disse retningsnummer er listed **i telefonkatalogen,** along with the international prefixes

for foreign countries. **Utenlandsprefiks for Amerika er 095 - 1.** If you need a
foreign prefix

(ohp-lees-ning-en)
telefonnummer, kan du ringe til opplysningen.
call up   information

(tay-lay-fohn-ruhr-uh) *(see-er)*
When answering **telefonen, du** pick up **telefonrøret og sier:**
receiver

(hah-lo) *(det-uh)*
Hallo. Dette er _____.
this   your name

(see-er) *(ad-yuh)*   *(skreev)*
When saying goodbye, **du sier "Adjø." Her er** some sample **telefonsamtaler. Skriv dem**
good bye   write

in the blanks **nedenfor til** practice.

(yœr-nuh) *(ring-uh)*
Jeg vil gjerne ringe Nationaltheatret. _____
gladly

(yœr-nuh) *(ring-uh)*
Jeg vil gjerne ringe til New York. _____

Jeg vil gjerne ringe til herr Nilsen. _____

(sahs) *(flee-plahs-en)*
Jeg vil gjerne ringe til SAS på flyplassen. _____

(blay)(ahv-brute)
Jeg ble avbrutt. _____ *Jeg ble avbrutt.*
was   disconnected

Hvor er en telefonkiosk? _____

Hvor er telefonkatalogen? _____

(mit)
Telefonnummeret mitt er 12 36 76. _____
my

(dit)
Hva er telefonnummeret ditt? _____
your

Hva er telefonnummeret til hotellet? _____
of

(dee)
Her er another possible **samtale.** Pay close attention to **ordene og hvordan de er** used.
they

Rune: **Hallo, dette er Olsen. Jeg vil gjerne snakke med fru Hellerud.**
(yær-nuh)
gladly speak

Sekretær: **Et øyeblikk, takk. Dessverre er det opptatt.**
(uh-ee-uh-blik) *(des-vær-uh)* *(ohp-taht)*
moment unfortunately busy

Rune: **Si det en gang til, takk. Jeg snakker bare litt norsk.**
(see)
say one time more just

Snakk langsommere.
(lahng-sohm-er-uh)
more slowly

Sekretær: **Dessverre er det opptatt.**
(des-vær-uh) *(ohp-taht)*

Rune: **Ja vel. Takk! Adjø!**
(yah)
OK

Og still another possibility.

Kirsten: **Jeg vil gjerne ha opplysningen for Bergen. Jeg vil ha**
(yær-nuh) *(ohp-lees-ning-en)*
information

telefonnummeret til doktor Johannes Hansen, takk.
(dohk-tor)

Telefonist: **Nummeret er 34 89 71.**

Kirsten: **Si det en gang til, takk.**

Telefonist: **Nummeret er 34 89 71.**

Kirsten: **Mange takk.**

Telefonist: **Værsågod.**

Du er nå klar to use any **telefon i Norge.** Just take it **langsomt og snakk** clearly.
(lahng-sohmt) *(snahk)*

Glem ikke that **du kan spørre . . .**
(glem) *(ick-uh)* *(spur-uh)*
forget not ask

Hvor mye koster en lokalsamtale? _____
(mee-uh) (coast-er)

Hvor mye koster en rikstelefon til Trondheim? _____
(reeks-tay-lay-fohn)
long-distance call

Hvor mye koster en rikstelefon til de Forente Stater? _____
(for-aint-uh)
United States

Hvor mye koster en rikstelefon til Stockholm? _____

Glem ikke that **du trenger småpenger til telefonen.**
forget change for

The number for information **i Norge** is 018.

Step 20

(tay-bah-nuh) *(trik)* *(boos)*
T-bane, Trikk og Buss
subway   streetcar

(tay-bah-nuh)
"T-bane" er det norske navn for the subway. Bare i Oslo finner du T-baner, men alle *(tay-bah-ner)* *(ahl-uh)*
only   but   all

(bee-er)
larger norske byer har trikk og buss, and both are quick og scenic ways å reise. Oslo og *(ræ-ees-uh)*
cities   streetcars

(bee-er) *(forsh-tahts-bah-ner)*
a few other byer har også forstadsbaner, or suburban trains. Hvor det er steep hills, such
cities

(ohf-tuh)
as in Bergen, finner du ofte cable cars. If du vil gå out into the countryside, er det an

extensive buss system i Norge. These long-distance busser heter rutebiler. Hvilke ord *(boos-er)* *(root-uh-beel-er)* *(vil-kuh)*
which

(tay-bah-ner) *(trik-er)* *(forsh-tahd-bah-ner)*
må du know for T-baner, trikker, forstadbaner og busser? Let's learn dem by practicing
must

dem aloud og så by writing dem in the blanks nede.

(tay-bah-nen) **T-banen**	*(trik-en)* **trikken**	*(boos-en)* **bussen**

_____   *trikken*   _____

(hold-uh-plahs)
en holdeplass = a stop for buses or streetcars _____

(tay-bah-nuh-stah-shone)
en T-banestasjon = a subway station _____

(lin-yuh)
en linje = a line *en linje, en linje*

(cone-duke-tur)
en konduktør = a conductor _____

Let's også review the "transportation" verb at this point.

(steeg-er) (paw)
stiger på = get in/board

(steeg-er) (ahv)
stiger av = get off

_____

_____

(bit-er)
bytter = transfer

(ræ-ees-er)
reiser = travel

88 _____*bytter*_____

_____

Maps displaying the **trikk og T-bane linjer er** generally posted outside every **inngang til** *(lin-yer)* lines *(in-gahng)*

T-banestasjonene og at the **trikkeholdeplasser.** Usually **et kart** of **byen har også** maps *(tay-bahn-nuh-stah-shone-en-uh)* *(trik-uh-hold-uh-plahs-er)* streetcar stops *(bee-en)* map city

of these transportation **ruter. Du kjøper en billett** before entering the **T-bane eller** *(root-er)* routes

trikk. Du kan også kjøpe et klippekort, or punch card, with **elleve klipp. Billetter og** *(klip-uh-kort)* *(el-vuh)* *(klip)* trip punches

klippekort er available in advance at **Sporveiens billettkontor. Du kjøper billetter for** *(klip-uh-kort)* *(spor-væ-ee-ens)* tramway's ticket office

rutebiler as you enter **bussen.** Other than having foreign **ord, norske T-baner er** just like long-distance buses

amerikanske T-baner. Check **navnet** of the last **T-banestasjon** of **linjen du** are taking, name line

check your destination **og** hop aboard. **Nå,** see the sample plan **nedenfor.**

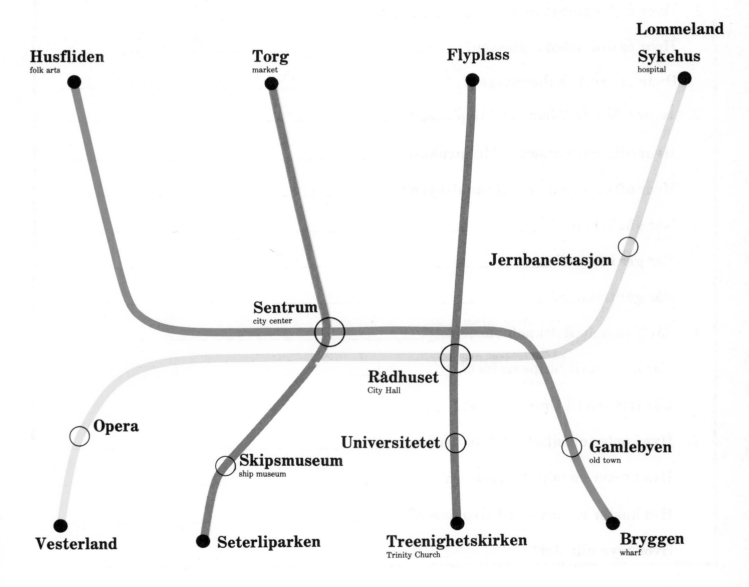

The same basic set of **ord og spørsmål** will see you through traveling **i T-banen, trikken,**

bussen, bilen og even **toget.**

Naturally, **det første spørsmålet er "hvor."**
(fïrsh-tuh)
first

Hvor er T-banestasjonen?
(tay-bahn-uh-stah-shone-en)

Hvor er bussholdeplassen?
(boos-hold-uh-plahs-en)

Hvor er trikkeholdeplassen?

Hvor er drosjeholdeplassen?
(droh-shuh-hold-uh-plahs-en)
taxi stand

Practice the following basic **spørsmål** out loud **og så skriv dem** in the blanks **til høyre.**
(skreev) *(huh-ee-ruh)*
write

---

1. **Hvor er T-banestasjonen?** _____

   Hvor er drosjeholdeplassen? _____

   Hvor er trikkeholdeplassen? *Hvor er trikkeholdeplassen?*

2. **Hvor ofte går T-banen til flyplassen?** _____

   Hvor ofte går bussen til Holmenkollen? _____

   Hvor ofte går trikken til Gamlebyen? _____

3. **Når går T-banen?** _____
   when

   Når går bussen? _____

   Når går trikken? _____

4. **Går T-banen til Munchmuseet?** _____
   (mohnk-moo-say-uh)

   Går bussen til Skipsmuseet? _____
   (sheeps-moo-say-uh)
   ship museum the

   Går trikken til Universitetet? _____

5. **Hva koster en billett på T-banen?** _____

   Hva koster en billett på bussen? _____

   Hva koster en billett til flyplassen? _____

   Hvor mye blir det? _____
   come   to

Nå that **du har** gotten into the swing of things, practice the following patterns aloud,

substituting **"buss"** for **"trikk" og** so on.

1. Hvor kjøper *(hyuhp-er)* jeg en billett på T-banen? på bussen? på trikken?

2. Når går trikken til universitetet? til Rådhuset? til Skipsmuseet? til Operaren?iltil?
   ship museum   opera house
   Sentrum? til Seterliparken? *(say-ter-lee-park-en)* til Treenighetskirken? *(tray-ay-nee-hets-hyeer-ken)* til Bryggen?
   city center   park   Trinity Church

3. Hvor er T-banestasjonen til flyplassen? *(flee-plahs-en)*

   Hvor er T-banestasjonen til Skipsmuseet? *(sheeps-moo-say-uh)*

   Hvor er bussholdeplassen til Sentrum? *(sent-room)*

   Hvor er bussholdeplassen til Gamlebyen? *(gahm-luh-bee-en)*
   old town

   Hvor er bussholdeplassen til Operaen? *(oh-pair-ah-en)*

   Hvor er bussholdeplassen til Rådhuset? *(rawd-hoos-uh)*

   Hvor er trikkeholdeplassen til Bryggen? *(brig-en)*

   Hvor er trikkeholdeplassen til jernbanestasjonen? *(yærn-bahn-uh-stah-shone-en)*

   Hvor er trikkeholdeplassen til universitetet? *(oon-ee-værsh-in-tate-uh)*

   Hvor er trikkeholdeplassen til torget? *(tor-get)*

SKIPSMUSEUM
HUSFLIDEN
BRYGGEN
SETERLIPARKEN
JERNBANESTASJON
TORG

Les *(lace)* the following typical **samtaler og så skriv** *(skreev)* **samtalen** in the blanks **til høyre.**
read   write

Hvilken *(vil-ken)* **linje går til Bryggen?** _____
which

Den røde *(ruh-duh)* **linjen går til Bryggen.** _____
red

Hvor ofte går den røde linjen? _____

Hvert *(vært)* **femte minutt.** *Hvert femte minutt.*
every

Må jeg bytte trikk? _____
must

Ja, i sentrum. Du stiger av ved *(vay)* **"Sentrum."** _____
city center   at

Hvor langtid tar det herfra *(hær-fra)* **til Bryggen?** _____
how   long   from here

Det tar ti minutter. _____

Hva koster en billett til Bryggen? _____

Tre kroner. _____   91

Kan du translate the following thoughts **på norsk?** **Svarene er nede.**

1. Where is the subway station? _____

2. What does a ticket cost to the city center? _____

3. How often does the bus go to the airport? _____

4. Where do I buy a ticket for the streetcar? _____

5. Where is the bus stop? _____

6. I would like to get off. *Jeg vil stige av.*

7. Must I transfer? _____

8. Where do I transfer? _____

Her er tre nye verb.

(vahsk-er)
vasker = wash   **mister** = lose   **tar** = take (time)

vasker   _____   _____

Du know the basic "plug-in" formula, so translate the following thoughts **med disse nye**

verbene. Svarene er også nedenfor.

1. I wash the fruit. _____

2. You lose the book. _____

3. It takes 20 minutes to go to Bergen. _____

4. It takes three hours with a car. _____

SVAR	
4. Det tar tre timer med bil.	2. Du mister boka.
3. Det tar tjue minutter til Bergen.	1. Jeg vasker frukten.
8. Hvor bytter jeg?	4. Hvor kjøper jeg en billett på trikken?
7. Må jeg bytte?	3. Hvor ofte går bussen til flyplassen?
6. Jeg vil stige av.	2. Hva koster en billett til sentrum?
5. Hvor er bussholdeplassen?	1. Hvor er T-banestasjonen?

(hyuhp-er) *(sel-ler)*
Kjøper og Selger
buy   sell

Shopping abroad **er** *(ær)* exciting. The simple everyday task of buying **en liter melk eller et**

eple *(ep-luh)* becomes a challenge that **du skulle nå** *(skuh-luh)* be able to meet quickly **og** easily. Of course,
apple

du will purchase **suvenirer,** *(soo-ven-eer-er)* **frimerker og brevkort,** *(free-mærk-er)* **men glem ikke** those **mange** other
but   forget

ting ranging **fra** shoelaces **til aspirin** *(ahs-peer-een)* that **du** might need unexpectedly. **Vet du** the
know

difference **mellom en bokhandel og en apotek?** *(boke-hahn-del)* *(ah-poh-take)* **Nei.** *(nœ-ee)* Let's learn about the different
between   bookstore   pharmacy   no

butikker og forretninger *(buh-tik-er)* *(for-ret-ning-er)* **i Norge. Nedenfor er et kart** of a section of **Oslo. Du kan**
shops   stores

begynne *(bay-yuhn-uh)* orienting yourself **i dag.**
begin

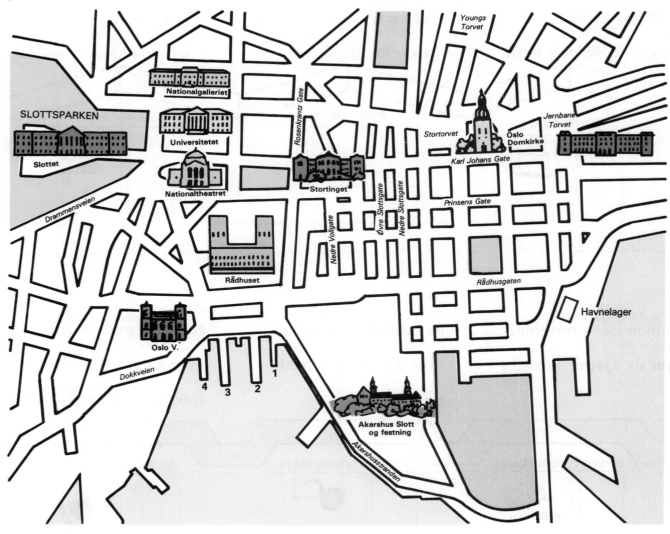

På neste side er butikkene i denne byen. *(seed-uh)* *(buh-tik-en-uh)* *(bee-en)* Be sure to fill in the blanks **under bildene med**
this   city

navnene på butikkene. *(buh-tik-en-uh)*

(bah-ker-ee)
et bakeri,
bakery

hvor du kjøper brød

(hyuht-for-ret-ning)
en kjøttforretning
meat market

hvor du kjøper kjøtt *(hyuht)*
meat

(vahsk-er-ee)
et vaskeri,
laundry

hvor du vasker klær *(klær)*
clothes

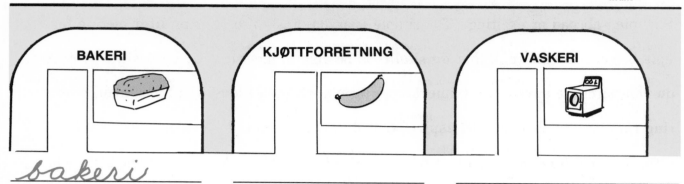

BAKERI KJØTTFORRETNING VASKERI

bakeri

(cone-dee-tor-ee)
et konditori,

hvor du drikker kaffe

(par-feem-er-ee)
et parfymeri,
perfumery

hvor du kjøper såpe *(saw-puh)*
soap

(ah-poh-take)
et apotek,
pharmacy

hvor du kjøper aspirin *(ahs-peer-een)*

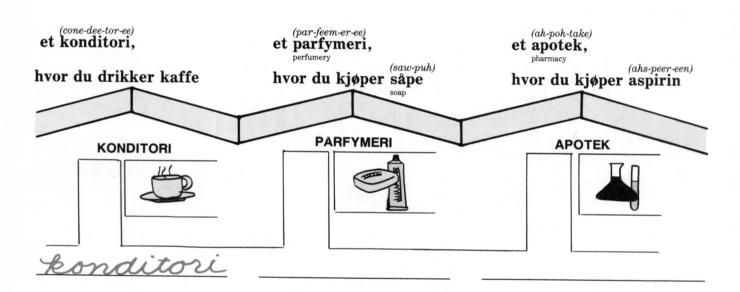

KONDITORI PARFYMERI APOTEK

konditori

(blohm-ster-for-ret-ning)
en blomsterforretning,
flower shop

hvor du kjøper blomster

(toe-bahks-for-ret-ning)
en tobakksforretning,
tobacco store

hvor du kjøper tobakk

og sigaretter

(sho-koh-lah-duh-for-ret-ning)
en sjokoladeforretning,
candy store

hvor du kjøper

sjokolade og sukkertøy *(sook-er-tuh-ee)*
candy

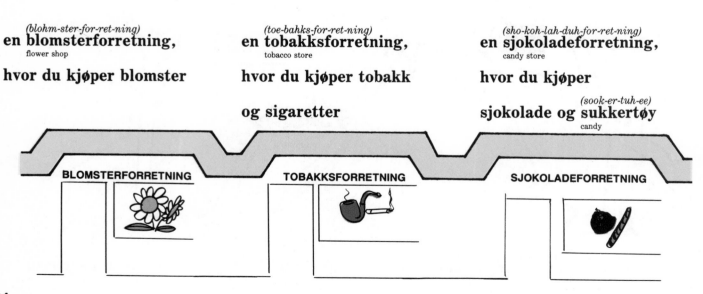

BLOMSTERFORRETNING TOBAKKSFORRETNING SJOKOLADEFORRETNING

(melk-uh-buh-teek)
en melkebutikk,
dairy

hvor du kjøper melk

(foe-toe-for-ret-ning)
en fotoforretning,
camera store

hvor du kjøper film

(gruhn-sahk-hahn-del)
en grønnsakhandel,
green grocer

hvor du kjøper grønnsaker

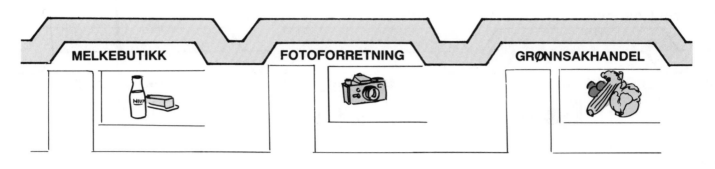

(par-kair-ings-plahs)
en parkeringsplass,
parking lot
(par-kair-er)
hvor du parkerer bilen

(free-sur)
en frisør,
hairdresser
(hawr-uh)
hvor du klipper håret
cut · hair

(skred-er)
en skredder,
tailor
(fore)
hvor du får klær
get

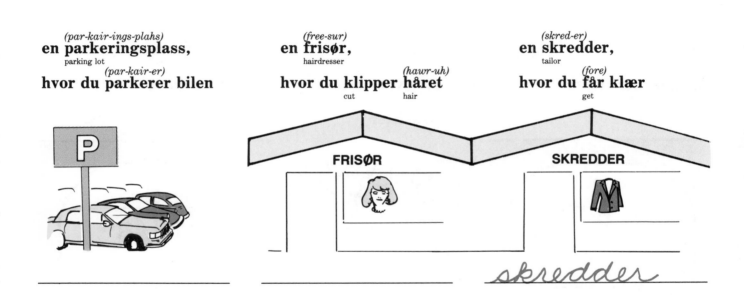

skredder

et postkontor,
post office

hvor du kjøper frimerker

(po-lit-ee-stah-shone)
en politistasjon,
police station
(po-lit-ee-et)
hvor du finner politiet
police

en bank,

hvor du veksler penger og
change
(ræ-ees-uh-shek-er)
veksler reisesjekker
traveler's checks

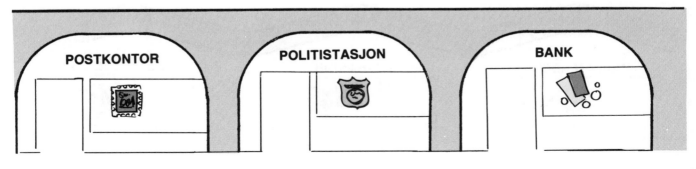

(koh-loh-nee-ahl-hahn-del)
en kolonialhandel,
grocery store

hvor du kjøper kjøtt,

frukt og melk

(del-ee-kah-tess-uh-for-ret-ning)
en delikatesseforretning,

(spes-ee-ahl-ee-tate-er)
hvor du kjøper spesialiteter
specialties

(frukt-hahnd-ler)
en frukthandler,
fruit merchant

hvor du kjøper frukt

KOLONIALHANDEL

DELIKATESSEFORRETNING

FRUKTHANDLER

(kee-no)
en kino,
movie theater
(sair)
hvor du ser filmer
see

(hyee-ohsk)
en kiosk,

hvor du kjøper aviser

og tidsskrifter

(rens-er-ee)
et renseri,
dry cleaner's

hvor du renser
clean
(hyah-mee-kah-lee-er)
klær med kjemikalier
chemicals

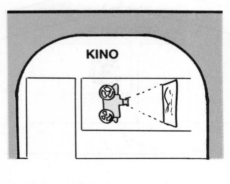

KINO

KIOSK

kiosk

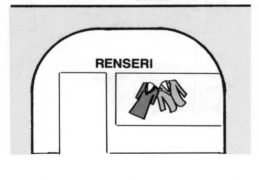

RENSERI

(pah-peer-hahn-del)
en papirhandel,
stationery store

hvor du kjøper papir,
(blee-ahnt-er)
penner og blyanter

(boke-hahn-del)
en bokhandel,
bookstore
(buh-ker)
hvor du kjøper bøker
books

(mah-gah-seen)
et magasin,
department store
(ahlt)
hvor du kan kjøpe alt
everything

(see Step 22)

PAPIRHANDEL

BOKHANDEL

MAGASIN

96

(torg)
et torg,
market

hvor du kjøper

grønnsaker og frukt

(fisk-uh-hahn-del)
en fiskehandel,
fish store

hvor du kjøper fisk

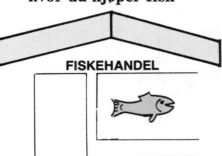

(ben-seen-stah-shone)
en bensinstasjon,
gas station

hvor du kjøper bensin

(ræ-ees-uh-bee-raw)
et reisebyrå
travel agency

hvor du kjøper

flybilletter

(oor-mahk-er)
en urmaker,
clock maker

hvor du kjøper

klokker

(guhl-smay)
en gullsmed,
goldsmith/jeweler

hvor du kjøper

(sul-yer)   *(smik-er)*
søljer og smykker
brooches   jewelry

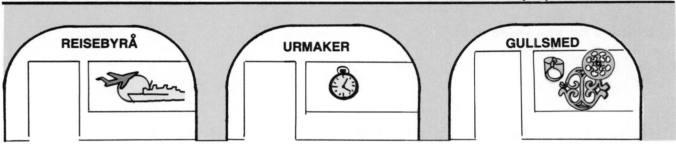

(for-ret-ning-er)   *(awp-nuh)*
Når er forretninger åpne i Norge? Normally, *(for-ret-ning-er)* **forretninger er åpne mandag til fredag**
open

fra 9:00 til 17:00 og lørdag fra 9:00 til 13:00. I Oslo er det *(buh-tik-er)* **butikker i Grønland**

T-banestasjon that are **åpne til 22:30.** (Grønland T-banestasjon **er** not only a subway

station but a large, underground shopping mall.) However, **ingen forretninger er åpne**
no

søndager, so plan your shopping accordingly. The local open-air *(torg)* **torg er** truly an

experience, so be sure to ask about it. In coastal cities *(torg-uh)* **torget er ofte** *(vay)* **ved** *(brig-en)* **bryggen og du**
market   at   wharf

kan kjøpe *(færsh-kuh)(ray-ker)* **ferske reker og** *(spees-uh)* **spise dem** on the spot.
shrimp

Er det anything else **du** will want to know about **norske** *(for-ret-ning-er)* **forretninger? Ja.** Look at

bildet på neste *(seed-uh)* **side.**

97

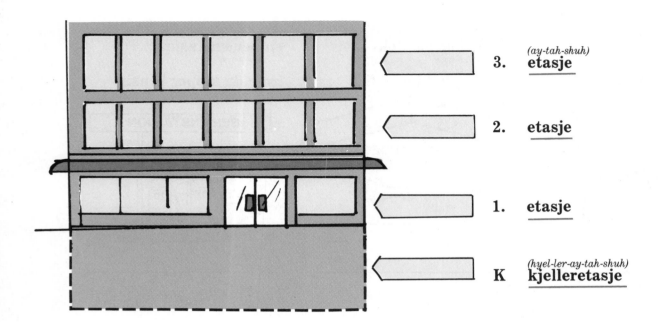

3. *(ay-tah-shuh)* **etasje**

2. **etasje**

1. **etasje**

K *(hyel-ler-ay-tah-shuh)* **kjelleretasje**

I Norge the basement **heter "kjelleretasje"** *(hyel-ler-ay-tah-shuh)* (just think of "cellar") **og** this **etasje har ofte**
floor
specialty items. The other **etasjer er** numbered as **i Amerika. Hva** special **norske ting**
are **du** looking for? **Norske kofter?** **Søljer?** *(sul-yer)* Pewter, brass **eller** enamel objects? Here
patterned cardigans   brooches
is **hvordan du kan finne dem.** *(kahn)*

I. First step — **Hvor?**

Hvor er melkebutikken? *(melk-uh-buh-teek-en)*   **Hvor er banken?**   **Hvor er kinoen?**

Go through **forretningene** introduced in this Step **og spør, "Hvor" med** each **forretning.**
ask
Another way of asking **hvor** is to ask

Er det en melkebutikk her i nærheten? *(nær-het-en)*   **Er det en bank her i nærheten?**
vicinity

Go through all **forretningene igjen** *(ee-yen)* using **dette nye spørsmålet.** *(det-uh)*
again

II. Next step — tell them **hva du** are looking for, **trenger, eller vil ha!**

1) **Jeg trenger . . .**   *Jeg trenger* _____

2) **Har du . . . ?**   _____

98   3) **Jeg vil gjerne ha . . .** *(yær-nuh)*   _____
gladly

(yœ-ee) *(blee-ahnt)*
Jeg trenger en blyant.

Har du blyanter?
pencils
(yœr-nuh)
Jeg vil gjerne ha en blyant.

(ep-ler)
Jeg trenger en kilo epler.

Har du en kilo epler?

Jeg vil gjerne ha en kilo epler.

Go through the glossary at the end of **denne boka og** select **tjue ord.** *(hyoo-uh)* Drill the patterns **ovenfor med disse tjue ordene.** Don't cheat. Drill them **i dag. Nå, ta tjue ord til fra**
take   more
your glossary, **eller ordbok, og** do the same.

III. Next step — find out **hvor mye** *(mee-uh) (day) (coast-er)* **det koster.**

1) **Hva koster det?** _____

2) **Hvor mye koster det?** _____

Hva koster blyanten?

(free-mœr-kuh)
Hva koster et frimerke?

(tawrshk)
Hva koster en kilo torsk?
cod

2⁷⁵

Hva koster en kilo epler?

Hvor mye koster et brevkort?

(ah-pel-seen-er)
Hvor mye koster en kilo appelsiner?
oranges

Using the same **ord** that **du** selected **ovenfor,** drill **disse spørsmålene også.**

IV. If **du ikke vet hvor du finner** something, **spør du**

(ahs-peer-een)
Hvor kan jeg kjøpe aspirin?

(sole-bril-er)
Hvor kan jeg kjøpe solbriller?
sun glasses

Once **du finner hva du vil ha,** say

Jeg tar det, takk.
take

Eller, if **du** would not like it,

Jeg tar det ikke, takk.

Du er nå all set to shop for anything!

Step 22

(mah-gah-seen-uh)
Magasinet
department store

At this point, **du skulle** just about be **klar til** your **tur til Norge.** **Du har** gone shopping
(klahr) ready *(til)* for *(toor)* trip

for those last-minute odds 'n ends. Most likely, the store directory at your local **magasin**
(mah-gah-seen)

did **ikke** look like the one **nede.** **Du** know **mange ord allerede og du kan** guess **mange**

others. **Du vet** that **"barn" er det norske ordet for** "child," so if **du trenger** something

for et barn du would probably look on the **annen eller tredje etasje, ikke sant?**
(ahn-en) second *(tred-yuh)* third

6. ÉTAGE	bakeri kafeteria delikatesser øl	høns kolonialvarer frukt grønnsaker	dypfryst mat hermetikk vilt kjøtt
5. ETASJE	senger sengetøy speil	møbler lamper tepper	bilder elektriske apparater
4. ETASJE	husholdningsartikler krystall	bestikk kjøkkentøy	lås keramikk porselen
3. ETASJE	bøker fjernsyn barnemøbler leketøy	radioer musikkinstrumenter papirvarer plater	tobakksvarer restaurant aviser tidsskrifter
2. ETASJE	barnetøy dameklær damehatter	herreklær babyartikler fotografi	klokker antikviteter norske kofter
1. ETASJE	bilavdeling undertøy lommetørklær	badeartikler damesko herresko	verktøy sportsartikler
K.	paraplyer kart herrehatter smykker	hansker lærtøy strømper	toalettsaker parfyme sjokolade

Let's start a checklist **for** your **tur.** Besides **klær, hva trenger du?** **Hva må du ha i**
(toor) trip *(klær)* clothes

Europa? Hva tar du til Europa?
take

100

et pass *(pahs)* ☐ _____

en billett ☐ _____

en koffert *(koh-fert)* ☑ *en koffert*

ei håndveske *(hawnd-vesk-uh)* ☐ _____

ei lommebok *(loh-muh-boke)* ☐ _____

penger ☐ _____

et fotografiapparat *(fo-toe-grah-fee-ah-pah-raht)* ☐ _____

en film ☐ _____

Ta de neste åtte labels **og** label **disse tingene i dag.** Better yet, assemble **dem i et hjørne** *(yuhr-nuh)*
take   corner

of your **hus.** *(hoos)*

Reiser du til Norge om vinteren eller om sommeren? Glem ikke *(glem)* *(ick-uh)* . . .
                                                                        forget   not

ei badedrakt *(bah-duh-drahkt)* ☐ _____

sandaler *(sahn-dahl-er)* ☐ _____

Glem ikke the basic **toalettsaker** either! *(toe-ah-let-sahk-er)*
forget   toiletries

såpe *(saw-puh)* ☑ *såpe*

en tannbørste *(tahn-bursh-tuh)* ☐ _____

en tannkrem *(tahn-krame)* ☐ _____

en barberhøvel *(bar-bair-huh-vel)* ☐ _____

en deodorant *(day-oh-doe-rahnt)* ☐ _____

en kam *(kahm)* ☐ _____ 101

For the rest of **tingene,** let's start **med** the outside layers **og** work our way in.

(kaw-puh)
en kåpe ⟶

en kåpe ☑

(rine-frahk)
en regnfrakk ⟶

_____ ☐

(pah-rah-plee)
en paraply ⟶

_____ ☐

(hahn-sker)
hansker ⟶

_____ ☐

(haht)
en hatt ⟶

_____ ☐

(stuv-ler)
støvler ⟶

_____ ☐

(skoh)
sko ⟶

_____ ☐

(soh-ker)
sokker ⟶

_____ ☑

(strum-per)
strømper ⟶

strømper ☐

Ta de neste femten labels **og** label **disse tingene.** Check **og** make sure that **de er rene og** *(dee) (ray-nuh)*

(klah-ruh) next *(ræ-ees-uh)* they clean
klare til your **reise.** Be sure to do the same **med resten** of **tingene** that **du pakker.** Check *(rest-en) (pahk-er)*
ready for trip rest the pack

dem off on **denne listen** as **du** organize **dem.** From **nå** on, **har du "tannkrem" og ikke** *(tahm-krame)*

"toothpaste."

(pee-shah-mahs)
en pyjamas ⟶

_____ ☐

(naht-short-uh)
ei nattskjorte ⟶

_____ ☐

(bah-duh-kaw-puh)
en badekåpe ⟶

_____ ☐

(tuf-ler)
tøfler ⟶

_____ ☐

(bah-duh-kaw-puh) (tuf-ler) *(svuh-muh-hall-en)*
En badekåpe og tøfler kan også double **for** you **i svømmehallen.**
swimming hall

102

en dress — suit

(shlips)
et slips

(lohm-uh-tur-klay)
et lommetørkle

(short-uh)
ei skjorte

(yah-kuh)
ei jakke

(bohx-er)
bukser — *bukser* ✓

(hyoh-luh)
en kjole

(bloo-suh)
en bluse

(shirt)
et skjørt — skirt

(gen-ser)
en genser

(bay)(haw)
en B. H.

(oon-er-hyoh-luh)
en underkjole

(oon-er-bohx-er)
underbukser

(oon-er-short-uh)
ei underskjorte

Having assembled **disse tingene, er du klar til** your **reise.** However, being human means
(klahr) — ready
(ræ-ees-uh)

occasionally forgetting something. Look **igjen** at **magasinet** directory. **I hvilken etasje**
(ee-yen) — again
(vil-ken) *(ay-tah-shuh)* — on which

finner du . . .

(hær-uh-klær)
herreklær? I ___2.___ etasje.
men's clothing

(dah-muh-haht-er)
damehatter? I _____ etasje.
women's hats

(buh-ker)
bøker? I _____ etasje.
books

(oon-er-tuh-ee)
undertøy? I _____ etasje.
underwear

(kris-tahl)
krystall?

(par-fee-muh)
parfyme?

(kohf-tuh)
en kofte?
Norwegian cardigan

I _____ etasje.

I _____ .

I _____ etasje.

Nå, just remember your basic **spørsmål.** Repeat **den typiske samtalen nedenfor** out loud **og**

så fill in the blanks.

(dahm-uh-haht-er)
Hvor finner jeg damehatter? _____

(dahm-uh-klær-ahv-dale-ing-en)
I dameklæravdelingen. _____
women's clothing department
(dahm-uh-klær-ahv-dale-ing-en)
Hvor er dameklæravdelingen? _____

I annen etasje. _____ *I annen etasje.* _____
second

Hvor kan jeg finne såpe og tannkrem? _____

I kjelleretasjen. _____

Also, **glem ikke** to ask . . .

(hæ-ees-en)
Hvor er heisen? _____
elevator
(trah-pen)
Hvor er trappen? _____
stairs
(ruhl-uh-trahp-en)
Hvor er rulletrappen? _____
escalator

(dahm-uh-haht-er)   *(short-uh)*
Whether **du trenger damehatter** **eller ei skjorte, de** necessary **ordene er de samme.**
                                                                            the   same
(spur-shmawl)   *(oon-er-hyoh-len-uh)*
Practice your **nye spørsmål med** the following **klær. Hvor er underkjolene? Hvor er . . . ?**

104

Hvilken størrelse? *(stur-el-suh)* size

_____

Det passer. *(pah-ser)* fits

_____

Det passer ikke. *(ick-uh)* doesn't fit

Det passer ikke.

Clothing Sizes:  **DAMER** *(dahm-er)*

sko									
American	5	5½	6	6½	7	7½	8	8½	9
Continental	35	35	36	37	38	38	38	39	40

klær					
American	8	10	12	14	16	18
Continental	36	38	40	42	44	46

bluser, genser						
American	32	34	36	38	40	42	44
Continental	40	42	44	46	48	50	52

Jeg tar det. *(day)* take it/that

_____

Hvor mye koster det?

_____

Det var alt, takk. *(ahlt)* that's all

_____

Clothing Sizes:  **HERRER** *(hær-er)*

sko									
American	7	7½	8	8½	9	9½	10	10½	11	11½
Continental	39	40	41	42	43	43	44	44	45	45

klær							
American	34	36	38	40	42	44	46	48
Continental	44	46	48	50	52	54	56	58

skjorter							
American	14	14½	15	15½	16	16½	17	17½
Continental	36	37	38	39	40	41	42	43

Nå, er du klar til your **reise! Du vet alt** *(ahlt)* that **du trenger.** The next Step will give you a quick review of international road signs **og** some parking hints **for Norge. Så er du nå** off to **flyplassen. God tur! Lykke til!**

ready

Step 23

 = Dangerous Intersection

Her er some of the most important **norske trafikkskilter.** *(trah-feek-shilt-er)* traffic signs Remember not to **drikke** *(ahl-koh-hole)* **alkohol** when driving **i Norge. Kjør** *(hyuhr)* **forsiktig!** *(for-shik-tee)* **God tur!** drive carefully

Danger

Dangerous curve

Dangerous intersection

Closed to all vehicles

Prohibited for motor vehicles

Prohibited for motor vehicles on Sundays and holidays

No entry

Stop

Main road ahead, yield the right of way

You have the right of way

Additional sign indicating the right of way

One-way street

Dead-end street

Detour

Traffic circle

No left turn

No U-turn

No parking

← | ←→ | →

8-17 | 15-17

No parking at these hours | No stopping at these hours

Limited parking

No passing

Speed limit

End of speed limit

Beginning of **motorvei**

1-hour parking

2-hour parking

3-hour parking

TOLL
CUSTOMS

Customs

E6

Federal Highway Number

Steinkjer

City limit

P

Parking permitted

Road ends, water ahead

GLOSSARY

A

-a .... the
adgang forbudt ..... entrance forbidden
adjø .... good bye
adresse -en .... address
aerogram -met .... aerogram
alkohol -en .... alcohol
alle .... all
allerede .... already
alt .... everything
Amerika .... America
  amerikaner .... American
  amerikansk .... American
andre .... second
ankomst -en .... arrival
annen .... second
  annen klasse .... second class
apotek -et .... pharmacy
appelsin -en .... orange
april .... April
aspirin -en .... aspirin
atten .... eighteen
august .... August
avgang -en .... departure
avis -en .... newspaper
avreise -en .... departure

B

bade .... to bathe
  bad -et .... bathroom
  badedrakt -a .... swimsuit
  badekåpe -a .... bathrobe
bak .... behind, in back of
bakeri -et .... bakery
bakt .... baked
ball -en .... ball
banan -en .... banana
bank -en .... bank
barberhøvel -en .... razor
bare .... just, only
barn -et .... child
  barnemeny -en .... children's menu
bedre .... better
begynner .... begin/begins
bensin -en .... gasoline
  bensinstasjon -en .... gas station
best .... best
bestefar -en .... grandfather
besteforeldre -ne .... grandparents
bestemor -en .... grandmother
bestiller .... order
betaler .... pay/pays
betyr .... mean/means
B.H. -en .... brassiere
biff -en .... beef, steak
bil -en .... car
bilde -t .... picture
billetter .... tickets
  billettluke -a .... ticket window
billig .... inexpensive
bilutleie .... car rental
bilverksted -et .... car repair
blir .... remain/stay/comes to
blomster .... flowers
  blomsterforretning -en ... flower shop
bluse -n .... blouse
blyant -en .... pencil
blå .... blue
bok -a .... book
  bokhandel -en .... bookstore
bor .... live/reside
bord -et .... table
bra .... well
brev -et .... letter
brevkort -et .... postcard

briller .... glasses
bror -en .... brother
brun .... brown, tanned
brygge -a .... wharf
brød -et .... bread
bukser .... trousers, pants
buss -en .... bus
  bussholdeplass -en .... bus stop
butikk -en .... shop
by -en .... city
bytter .... change/swap
  bytter tog .... change trains
bøker .... books
båt -en .... boat

D

dag -en .... day
  dagens .... day's
  daglig .... daily
dame .... lady
  damebukser .... women's pants
  damehatter .... women's hats
  dameklær .... women's clothing
  dameklæravdeling -en ....
    .... women's clothing department
  dametoalett -et ...... lady's restroom
dansk .... Danish
datter -en .... daughter
de .... the/they
delikatesseforretning -en .. delicatessen
dem .... them
den .... the, it
denne .... this
deodorant -en .... deodorant
departement -et .... department
der .... there
  der borte .... over there
  der er .... there is/are
desember .... December
dessert -en .... dessert
dessverre .... unfortunately
det .... the, it, that
  det er .... there is/are
  det var alt .... that's all
dette .... this
disse .... these
ditt .... your
dollar -en .... dollar
dress -en .... suit
drink -en .... drink
drikkepenger .... tip
drikker .... drink/drinks
drikkevarer .... beverages
drosje -n .... taxi
  drosjeholdeplass -en ...... taxi stand
du .... you
dusj -en .... shower
dyne -a .... comforter
dyr (t) .... expensive
dør -a .... door
dårlig .... bad, badly
  dårlig tid .... little time

E

ei .... a, an
egg -et .... egg, eggs
eksempel -et .... example
ekspresstog -et .... express train
eller .... or
elleve .... eleven
-en .... the
én, ett .... one
en .... a, an
  en gang til .... one time more
-ene .... the

engelsk .... English
enkelt .... one-way, simple
  enkeltbillet -en .... one-way ticket
eple -et .... apple
  eplesaft -a .... apple juice
er .... is, are
  er du snill .... be so kind
-et .... the
et .... a, an
etasje -n .... floor
ett, én .... one
etter .... after
  etter ønske .... by wish
  etter valg .... by choice
ettermiddag -en .... afternoon
Europa .... Europe
Europavei -en .. trans-European freeway
europeisk (e) .... European
evangelisk - luthersk ....
  .... Evangelical - Lutheran

F

fahrenheit .... Fahrenheit
familie -n .... family
far -en .... father
farge -n .... colors
fattig .... poor
februar .... February
fem .... five
  femmer -en .... 5 Krone bill
  femten .... fifteen
  femti .... fifty
ferje -a .... ferry
fersk(e) .... fresh
ferskvann .... fresh water
film -en .... film
finner .... find/finds
fire .... four
fisk -en .... fish
  fiskehandel -en .... fish store
fjellene .... mountains
fjernsyn -et .... television
fjernvalgsamtaler ....
  .... long-distance conversations
fjord -en .... fjord
fjorten .... fourteen
flerfargete .... multi-colored
fly -et .... airplane
  flybilletter .... plane tickets
  flyr .... fly/flies
for .... for
foran .... in front of
forbudt .... prohibited, forbidden
foreldre -ne .... parents
forretninger .... stores
forretter .... appetizers
forsiktig .... carefully
forsinket .... late
forstadsbaner .... suburban trains
forstadstog -et .... suburban train
forstår .... understand
fort .... fast
fotoforretning -en .... camera store
fotografiapparat -et .... camera
fra .... from
fransk .... French
fredag .... Friday
frimerke -t .... stamp
frisk .... healthy
frisør -en .... hairdresser
frokost -en .... breakfast
fru .... Mrs.
frukt -en .... fruit
frøken .... Miss
første .... first
  første klasse .... first class

førti	forty
får	get/gets
får -et	mutton

G

gaffel -en	fork
gamleby -en	old town
gammel	old
gammelost -en	old cheese
gang -en	hall
ganger	times
garasje -en	garage
gardin -et	curtain
gate -n	street
geitost -en	goat cheese
gjerne	gladly
gjør	do/make
glass -et	glass/glasses
glem ikke	don't forget
god/gode/godt	good
god dag	good day, hello
god ettermiddag	good afternoon
god fornøyelse	have fun
god kveld	good evening
god morgen	good morning
god natt	good night
grader	degrees
gress -et	grass
grill -en	grill (restaurant)
grillet	grilled
grønn/grønne/grønt	green
grønnsaker	vegetables
grønnsakshandel -en	greengrocer
grå	gray
gul/gule	yellow
gullsmed -en	jeweler, goldsmith
gulost -en	yellow cheese
gutt -en	boy
går	go/walk
går fra	go, leave from

H

hage -n	garden
hallo	hello
halv	half
han	he
hansker	gloves
har	have/has
hatt -en	hat
heis -en	elevator
her	here
herfra	from here
herr	Mister
herreklær	men's clothing
heter	is/are called
hittegodskontor -et	lost-and-found office
hjem -met	home
hjørne -t	corner
holdeplass -en	stop
hotell -et	hotel
hotellregning -en	hotel bill
hotellrom -met	hotel room
hotellvert -en	hotelkeeper
hovedinngang -en	main entrance
hund -en	dog
hundre	hundred
hunger	hunger
hurtigrute -a	steamer
hurtigtog -et	fast train
hus -et	house
hva	what
hva er klokka?	what time is it?
hvem	who
hver	each
hvilke (t)	which
hvit (e)	white
hvitvin -en	white wine
hvor	where

hvor lenge	how long
hvor mange	how many
hvor mange er klokka?	what time is it?
hvor mye	how much
hvor ofte	how often
hvordan	how
hvorfor	why
hytte -a	cabin
høns	poultry
høst -en	Autumn
høy (e)	high, tall
høyre	right
høyt	loudly
hånd -en	hand
håndkle -et	towel
håndklærne	towels
håndveske -a	purse
hår -et	hair

I

i	in, for, at
i dag	today
i går	yesterday
i morgen	tomorrow
i morgen tidlig	tomorrow morning
i timen	per hour
idé -en	idea
igjen	again
ikke	not
ikke godt	not good
ikkerøyker	non-smoking
ikke sant?	not true?
ingen	none, no one
ingen adgang	no entrance
ingenting	nothing
inn i	into
inne i	inside
innenlands	domestic
inngang -en	entrance

J

ja	yes
ja vel	OK
jakke -a	jacket
januar	January
Japan	Japan
japansk	Japanese
jeg	I
jeg er	I am
jeg har	I have
jeg vil	I would like, I want
jente -a	girl
jernbanestasjon -en	train station
jo	yes (to negative question)
juli	July
juni	June
jødisk	Jewish

K

kaffe -n	coffee
kaffistove -a	reasonably priced restaurant
kald (t)	cold
kalender -en	calendar
kalvekjøtt -et	veal
kam -men	comb
kan	can/am able to
kart -et	map
kasse -n	cash register
katedral -en	cathedral
katolsk	Catholic
katt -en	cat
kelner -en	waiter
kilo -en	kilo
kilometer -en	kilometer
kino -en	movie theater
kiosk -en	newsstand

kirke -n	church
kjeller -en	basement
kjelleretasje -n	basement floor
kjemikalier	chemicals
kjole -n	dress
kjøkken -et	kitchen
kjøleskap -et	refrigerator
kjøper	buy/buys
kjører	drive/drives
kjøtt -et	meat
klar	clear, ready
klasse -en	class
klesskap -et	wardrobe
klipp -et	punch (per trip)
klippekort -et	punch card
klokke -a	clock
klær	clothes
kniv -en	knife
kofte -a	cardigan sweater
koker	cook/boil
kokk -en	cook/cooks
kokt	cooked
kold (t)	cold
koldtbord -et	cold buffet
kolonialhandel -en	grocery store
komfyr -en	stove
kommer	come/comes
kommer til	arrive at/in
konditori -et	pastry shop
konduktør -en	conductor
konsert -en	concert
konsertbilletter	concert tickets
kontinental frokost -en	continental breakfast
kontor -et	study
kopp -en	cup
kort	short
koster	cost/costs
kro -a	tavern
krone -a	kroner
kryddersild -a	marinated herring
kryssord oppgave	crossword puzzle
kvarter -et	quarter hour
kvart over	quarter after
kvart på	quarter to
kveld -en	evening
kvinne -n	woman
kvittering -en	receipt
kåpe -a	woman's coat

L

lampe -a	lamp
lander	land/lands
lang	long
langsom (t)	slow
langsommere	more slowly
lav (e)	low
lavt	softly
ledig	available
lege -n	doctor
leser	read/reads
liggevogn -a	reclining car
liker	like/likes
linje -n	line
liste -n	list
lite (n)	small, little
liter -en	liter
litt	a little, some
lokalsamtale -n	local call
lokaltog -et	local train
lommebok -a	wallet
lommetørkle -et	handkerchief
lompe -a	tortilla-like bread
luke -a	counter
lunsj -en	lunch
lykke på reisen	good luck on the trip
lykke til	good luck
lys -et	light

109

lyserød (e) .... pink (light red)
lærer .... learn/learns
lørdag .... Saturday

M

magasin -et .... department store
mai .... May
mandag .... Monday
manér .... manner
mange .... a lot, many
   mange takk .... many thanks
mann -en .... man
mars .... March
med .... with
   med flypost .... air mail
meg .... me
meget .... very
melk -a .... milk
melkebutikk -en .... dairy
mellom .... between
men .... but
menneske -t .... person
meny -en .... menu
mer .... more
merverdiavgift/MVA .... tax
middag -en .... dinner/noon
midnatt -a .... midnight
midte -n .... middle
minutt -et .... minute
mister .... lose
mitt .... my
mor -en .... mother
morgen .... morning
mye .... much/a lot
mynter .... coins
må .... must, have to
måltid -et .... meal
måned -en .... month

N

natt -a .... night
nattskjorte -a .... nightshirt
navn -et .... name
nede .... below, downstairs
nedenfor ....below
nei .... no
neste .... next
ni .... nine
nitten .... nineteen
nitti .... ninety
noe .... some, something
noen .... some, someone
nord .... North
   Nordamerika .... North America
   Norden .... Scandinavia
   nordlig .... northern
   nordmenn .... Norwegians
   Nordpolen .... North Pole
   Nordsjøen .... North Sea
Norge .... Norway
Norges Statsbaner/NSB ....
   .... Norwegian National Railroad
norsk (e) .... Norwegian
november .... November
null .... zero
nummer .... number/numbers
ny (e) .... new
nærhet -en .... vicinity
nødutgang -en .... emergency exit
nå .... now
når .... when, at what time

O

ofte .... often
110 og .... and

også .... also
oksekjøtt -et .... beef
oktober .... October
om .... in, about
   om ettermiddagen .... in the morning
   om hjørnet .... around the corner
   om kvelden .... in the evening
   om morgenen .... in the morning
onkel -en .... uncle
onsdag .... Wednesday
opptatt .... busy, occupied
ord -et .... word
ordbok -a .... dictionary
ordtak -et .... proverb
ost -en .... cheese
ovenpå .... above, upstairs
over .... over, after
ovnstekt .... roasted

P

pakke -en .... package
pakker .... pack/packs
papir -at .... paper
   papirhandel -en ...... stationary store
   papirkurv -en .... wastebasket
paraply -en .... umbrella
parfyme -n .... perfume
parfymeri -et .... perfumery
park -en .... park
parkerer .... park/parks
parkeringsplass -en ..... parking lot
pass -et .... passport
passer .... fit/fits
pen(e).......................... pretty
penger .... money
penn -en .... pen
pensjon -en .... guest house
pen(t)........................... nice
pepper -en .... pepper
perrong -en .... platform
plass -en .... place, seat; plaza
plassbillett -en .... seat ticket
polarsirkel -en .... Arctic Circle
politi -et .... police
   politistasjon -en .... police station
post -en .... mail
postkasse -n .... mailbox
postkontor -et .... post office
pris -en .... price, cost
problem -et .... problem
promillekjøring ....
   .... driving after drinking alcohol
protestantisk .... Protestant
pund -et .... pound
pute -a .... pillow
pyjamas -en .... pyjamas
pøls -en .... sausage, wiener
på .... in, at, on
pålegg .... sandwich fixings

R

regner .... rains
regnfrakk -en .... raincoat
regning -en .... bill
reise -en .... journey, trip
   reisebyrå -et .... travel agency
   reisegods -et .... baggage check
   reisende -en .... traveler
   reiseord .... travel words
   reiser .... travel/travels
   reisesjekker .... traveler's checks
reker .... shrimp
religioner .... religions
ren(e)........................... clean
renseri -et .... dry cleaners
renser .... clean/cleans
reservasjon -en .... reservation, booking
restaurant -en .... restaurant

rest -en .... rest
retningsnummer -et ...... area code
rett fram .... straight ahead
rett -en .... food, dish
rik .... rich
rikstelefon -en .... long distance call
riksvei -en .... state highway
riktig .... correctly
riktige .... right, correct
ringer .... ring/call up/telephone
rom -met .... room
rose -n .... rose
rulletrapp -a .... escalator
rute -en .... route, schedule
rutebiler .... long-distance busses
Rutebok for Norge ...... book of routes
rød (e) .... red
røkt .... smoked
røyker .... smoke, smokes
røyking .... smoking
Rådhuset .... City Hall

S

salat -en .... salad
salt -et .... salt
saltvann .... salt water
samme .... same
samtaler .... conversations
sandaler .... sandals
saus -en .... sauce
se .... to look (at)
seddel -en .... bill
seks .... six
seksten .... sixteen
seksti .... sixty
sekunder .... seconds
selger .... sell/sells
sender .... send/sends
senere .... later
seng -a .... bed
sentrum -et ......city center, downtown
september .... September
ser .... see/sees
serveres .... is served
serveringsavgift -a ...... service charge
serveringsdame -en........... waitress
service inkludert ...... service included
serviett -en .... napkin
si .... say
side -n .... page
sier .... say/says
   sier en .... says one
   sier...en gang til ....
   .... to say one time more/repeat
siffer .... digits
sigarett -en .... cigarette
sitter .... sit/sits
sjokolade -n .... chocolate
sjokoladeforretning -en .... candy store
sju .... seven
skal .... shall
skalldyr .... seafood
skandinavisk .... Scandinavian
skap -et .... cupboard
skje -en .... spoon
skjorte -a .... shirt
skjørt -et .... skirt
sko .... shoe/shoes
skole -n .... school
skredder -en .... tailor
skrivebord -et .... desk
skriver .... write/writes
skulle .... should
slakterbutikk -en .... butcher shop
slektningene .... relatives
slektsregister .... family record
slips -et .... tie
slå .... dial
smykke -t .... jewelry

smør -et . . . . butter
smørbrød . . . . open-faced sandwiches
  smørbrødliste -n . . . .
  . . . . open-face sandwich menu
småpenger . . . . change (money)
snakker . . . . speak/speaks
snør . . . . snows
sofa -en . . . . sofa
sokker . . . . socks
solbriller . . . . sun glasses
sommer -en . . . . Summer
sort (e) . . . . black
sover . . . . sleep/sleeps
  soverom -met . . . . bedroom
  sovevogn -a . . . . sleeping car
spansk . . . . Spanish
speil -et . . . . mirror
speilegg . . . . fried eggs
spesialiteter . . . . specialties
spesialretter . . . . specialties
spisekart -et . . . . menu
spiser . . . . eat/eats
  spisestue -a . . . . dining room
  spisevogn -a . . . . dining car
spor -et . . . . (train) track
Sporveiens billettkontor . . . .
  . . . . tramway's ticket office
spør . . . . ask/asks
spørsmål -et . . . . question
stavkirke -en . . . . stave church
stekt . . . . fried
stengt . . . . closed
stiger . . . . climb/climbs
  stiger av . . . . get/gets off
  stiger på . . . . board/boards
  stiger ut . . . . get/gets out
stol -en . . . . chair
stopp . . . . stop
stor . . . . big
strømper . . . . stockings
stue -a . . . . living room
stykke -et . . . . coin, piece
størrelse -n . . . . size
støvler . . . . boots
sukkertøy . . . . candy
sulten . . . . hungry
sunn . . . . healthy
suppe -n . . . . soup
suvenirer . . . . souvenirs
svar -et . . . . answer
svinekjøtt -et . . . . pork
svinekotelett -en . . . . pork cutlet
svømmehall -en . . . . swimming hall
syk . . . . sick
sykkel -en . . . . bicycle
sytten . . . . seventeen
sytti . . . . seventy
søl -et . . . . mess
søljer . . . . brooches
søndag . . . . Sunday
sønn -en . . . . son
sør . . . . South
  Sørlandet . . . . South Norway
  sørlig . . . . southern
  Sørpolen . . . . South Pole
søster -a . . . . sister
så . . . . then, so
såpe -a . . . . soap

T

ta . . . . take
  ta plass! . . . . . . take place (all aboard)
tak -et . . . . ceiling
takk . . . . please, thank you
tallerken -en . . . . plate
tannbørste -en . . . . toothbrush
tannkrem -en . . . . toothpaste
tante -n . . . . aunt
tar . . . . take/takes

taxi -en . . . . taxi
T-bane -n . . . . subway
  T-banestasjon -en . . . . . subway station
té -en . . . . tea
teaterbilletter . . . . theater tickets
telefon -en . . . . telephone
  telefonerer . . . . telephone/call up
  telefonkatalog -en . . . . telephone book
  telefonkiosk -en . . . . . telephone booth
  telefonnummer . . . . telephone number
  telefonrør -et . . . . receiver
  telefonsamtaler . . . .
  . . . . telephone conversations
telefrag -en . . . . telegraph office
telegram -met . . . . telegram
temperaturer . . . . temperatures
teppe -t . . . . carpet
termometer -et . . . . thermometer
ti . . . . ten
tid -en . . . . time
tidlig . . . . early
tidsskrift -et . . . . magazine
tier -en . . . . ten kroner bill
til . . . . to, more
  til høyre . . . . to the left
  til venstre . . . . to the right
tilberedt . . . . prepared
time -en . . . . hour
ting . . . . thing/things
tirsdag . . . . Tuesday
tjue . . . . twenty
to . . . . two
toalett -et . . . . toilet, W.C.
toalettsaker . . . . toiletries
tobakk -en . . . . tobacco
tobakksforretning -en . . . . tobacco store
tog -et . . . . train
togtabell -en . . . . train schedule
tolv . . . . twelve
torg -et . . . . market
torsdag . . . . Thursday
torsk -en . . . . cod
trafikkskilter . . . . traffic signs
trapp -en . . . . stairs
tre . . . . three
tredje . . . . third
trenger . . . . need/needs
trette . . . . tired
tretten . . . . thirteen
tretti . . . . thirty
trikk -en . . . . streetcar
trikkeholdeplasser . . . . . . streetcar stops
tur -en . . . . trip, turn
  god tur! . . . . have a good trip!
  tur-retur . . . . round trip
turist -en . . . . tourist
tusen . . . . thousand
tykk . . . . thick
tynn . . . . thin
typiske . . . . typical
tøfler . . . . slippers
tørst . . . . thirsty
tåket . . . . foggy

U

uke -a/-en . . . . week
under . . . . under
underbukser . . . . underpants
underkjole -en . . . . slip
underskjorte -a . . . . undershirt
undertøy . . . . underclothing
ung . . . . young
universitet -et . . . . university
unnskyld . . . . excuse me
urmaker -en . . . . clock maker
ut av . . . . out of
utenlands . . . . foreign
utenlandsprefiks -et . . . . . foreign prefix
utgang -en . . . . exit

V

vann -et . . . . water
var . . . . was
varm (t) . . . . warm
varseltone . . . . warning tone
vasker . . . . wash
  vask -en . . . . washbasin
  vaskeklut -en . . . . washcloth
  vaskeri -et . . . . laundry
ved . . . . at
  ved siden av . . . . next to
vegg -en . . . . wall
veien . . . . road, way
vekkerklokke -a . . . . alarm clock
vekselkontor -et . money exchange office
veksler . . . . exchange
venstre . . . . left
venter på . . . . wait for
ventesal -en . . . . waiting room
verb . . . . verb/verbs
verre . . . . worse
vest . . . . West
  Vestlandet . . . . West Norway
  vestlig . . . . western
vet . . . . know/knows
vi . . . . we
  vi har . . . . we have
videre . . . . further
viktig/viktige . . . . important
vil . . . . want/wants
  vil gjerne . . . . want gladly
  vil ha . . . . would like
viltretter . . . . game
vin -en . . . . wine
vind -en . . . . wind
vindu -et . . . . window
vinglass -et . . . . wine glass
vinmonopol -et . . . .
  . . . . state wine and liquor monopoly
vinter -en . . . . Winter
viser . . . . show/shows
vite . . . . know
vogn -a . . . . train car
vær -et . . . . weather
vær så snill . . . . please, be so kind
vær så god . . . . please, here you are,
  . . . . you're welcome
værelse -t . . . . room
vår -en . . . . Spring

W

W.C. -et . . . . toilet (water closet)
weekend -en . . . . weekend
weekendtur -en . . . . weekend trip

Ø

øl -et . . . . beer
ønske . . . . wish
øre -n . . . . (Norwegian coin)
øst . . . . East
  Østersjøen . . . . Baltic Sea
  Østlandet . . . . East Norway
  østlig . . . . eastern
øyeblikk -et . . . . moment

Å

år -et . . . . year
å reise . . . . to travel
å spise . . . . to eat
åpen (t) . . . . open
åpner . . . . open/opens
åpningstider . . . . opening hours
åtte . . . . eight
åtti . . . . eighty

DRINKING GUIDE

This guide is intended to explain the wide variety of beverages available to you while **i Norge**. It is by no means complete. Some of the experimenting has been left up to you, but this should get you started. Liquor laws are quite strict in Norway. Wine, spirits and some beers are sold only in larger towns and exclusively at the state liquor store – **Vinmonopolet** – or at hotels, bars and restaurants. In these bars and restaurants spirits are available only from 15:00-23:00, but **ikke** on Sundays or holidays. The asterisks (*) indicate brand names.

VARME DRIKKER (hot drinks)

en kopp kaffe	a cup of coffee
med fløte	with cream
med sukker	with sugar
med en sukkerbit	with a sugar cube
en espresso	expresso coffee
en kaffedoktor	coffee royal (coffee and brandy)
en kopp te	a cup of tea
med melk	with milk
med sitron	with lemon
kamillete	camomile tea
peppermyntete	peppermint tea
nypete	rosehip tea
kakao/varm sjokolade	hot chocolate
varm melk	warm milk
gløgg	hot, mulled wine with brandy, raisins, almonds and sugar
rødvinstoddy	hot, mulled red wine with sugar

ALKOHOLFRIE DRIKKER (non-alcoholic drinks)

melk	milk
surmelk	buttermilk
kefir	kefir, a yoghurt-like drink
milkshake	milkshake
vann	water
mineralvann	mineral water
tonic	tonic
selters	seltzer
sodavann	soda water
brus	soda pop
sitronbrus	lemon pop
bringebærbrus	raspberry pop
saft	juice
eplesaft	apple juice
ananassaft	pineapple juice
tomatsaft	tomato juice
grapefruktsaft	grapefruit juice
solbærsaft	black currant juice
vørterøl	non-alcoholic beer

APERITIFFER (aperitifs) These may be enjoyed straight **eller** over ice.

sherry	sherry
portvin	port
***Martini hvit**	sweet vermouth (white)
***Martini rød**	sweet vermouth (red)
***Pernod**	anise base
***Amontillado**	
***Dubonnet**	
***Campari**	

ØL (beer) Some of the better-known brands are **Mack, Frydenlund**, and **Aass**. Alcoholic content varies and is indicated on the bottle cap with the number 1-4, from the weakest to the strongest. **Øl** is usually ordered by the bottle.

Brigg/zero	almost non-alcoholic
pils	light lager
export	stronger light lager
bayer	dark beer
bokk	strong, dark beer
juleøl	"Christmas beer," strong, dark beer brewed for release just before Christmas

VIN (wine) May be available by the **glass** (glass), **karaffel** (carafe), **halv flaske** (half bottle) or **flaske** (bottle).

rødvin	red wine
hvitvin	white wine
rosévin	rosé wine
musserende/sprudlende vin	sparkling wine
champagne	champagne
søt	sweet
tørr	dry
meget tørr	extra dry

AKEVITT (aquavit) Aquavit can be called the national drink of **Norge**. Distilled from barley or potatoes and generally flavored with caraway, aquavit is a very strong drink. It is usually enjoyed ice-cold and straight, with a beer chaser. Be sure to drink aquavit only as an accompaniment to **koldtbord** or a main dish, but not as an aperitif. **(Det er meget sterkt!)** The most famous brand is **Linjeakevitt**, which is stored in casks in the holds of ships that travel around the world. The flavor is said to be enhanced by the motion of the ship.

SPRIT (spirits) Cocktail drinking is not wide-spread **i Norge**. The following are available in bars and larger hotels.

pjolter	soda and whisky, or cognac
longdrink	highball
whisky	usually Scotch
whisky og soda	whisky and soda
bourbon	
gin	
rom	
vodka	
bar	straight
med isbiter	on the rocks

(skawl)
Skål
cheers

112

Spisekartet

Fisk og skalldyr (fish and shellfish)

sei	pollack
sild	herring
sjøørret	sea trout
torsk	cod
tunfisk	tuna
ørret	trout
østers	oyster

Egg (eggs)

hardkokte egg	hard-boiled eggs
bløtkokte egg	soft-boiled eggs
eggerøre	scrambled eggs
forlorent egg	poached eggs
eggeomelett	omelet
eggedosis	egg yolks beaten with sugar
speilegg	fried eggs

Grønnsaker (vegetables)

agurk	cucumber
asparges	asparagus
blomkål	cauliflower
bønner	beans
erter	peas
gresskar	squash, pumpkin
gulrøtter	carrots
hvitløk	garlic
kål	cabbage
kålrabi	kohlrabi, rutabaga
kålrulett	cabbage roll
linser	lentils
løk	onion
nepe	turnip
nesle	nettle
paprika	red pepper
persille	parsley
potet	potato
potetmos	mashed potatoes
purre	leek
rosenkål	brussel sprouts
rødkål	red cabbage
salat	lettuce
selleri	celery
sellerirot	celery root
sopp	mushrooms
spinat	spinach
surkål	cabbage with vinegar/caraway

FOLD HERE

Frukt (fruit)

ananas	pineapple
appelsin	orange
aprikos	apricot
banan	banana
druer	grapes
eple	apple
fersken	peach
grapefrukt	grapefruit
kompott	compote
korinter	currants
melon	melon
nype	rosehip
plomme	plum
pære	pear
rabarbra	rhubarb
rosiner	raisins
sitron	lemon
svisker	prunes

Bær (berries)

blåbær	blueberry
bjørnebær	blackberry
bringebær	raspberry
jordbær	strawberry
kirsebær	cherry
morell	bing cherry
rips	red currant
solbær	black currant

Ost (cheese)

ekte geitost	goat cheese
gammelost	"old" cheese; aged, yellow-brown, strong-smelling
geitost	goat's and cow's milk cheese
gulost	yellow cheese
hvitost	white cheese
jarlsberg	Swiss-style cheese
mysost	mild brown cheese from cow's whey
nøkkelost	"key", cheese, spiced with cloves
pultost	soft, sharp cheese used as spread

Takk for maten!

Tilberedning (preparation)

dampet	steamed
kokt	cooked, boiled
stekt	fried, braised
ovnstekt	roasted
bakt	baked
grillet	grilled
marinert	marinated
saltet/lagret/speket	cured
forlorent	poached
krydret	spiced
ristet	toasted
frisk, fersk	fresh
rå	raw
medium	medium
godt stekt	well-done
grateng	au gratin
panert	breaded

FOLD HERE

Annet (other)

marmelade	marmelade, preserves
syltetøy	jelly, jam
honning	honey
kefir	kefir (yoghurt milk)
surmelk	buttermilk
yoghurt	yoghurt
fløte	cream
rømme	sour cream
krem	whipping cream
pisket krem	whipped cream
is	ice cream
fromasj	custard
havregrøt	oatmeal porridge
risengrynsgrøt	rice porridge
rømmegrøt	rich cream pudding
salt	salt
pepper	pepper
sukker	sugar
eddik	vinegar
riskrem	rice pudding

Annet (other)

olje	oil
sennep	mustard
majones	mayonnaise
mandler	almonds
marsipan	almond paste
valnøtter	walnuts
hasselnøtter	hazelnuts
smørbrød	open-faced sandwich
pålegg	sandwich fixings

Brød og Bakst (bread and baked goods)

hvetebrød	wheat bread
grovbrød	whole-grain bread
flatbrød	flat bread
loff	white bread
rundstykker	rolls
boller	sweet buns
lefse	soft, flat bread
lompe	soft, flat potato bread
kaving	rusk
kake	cake
fyrstekake	Prince's cake, almond-filled
fløtekake/bløtkake	layer cake with whipped cream
vørterkake	spice cake
wienerbrød	Danish pastry
kringle	pretzel-shaped almond pastry
napoleonskake	pastry filled with whipped cream
vafler	waffles, served with butter, jam
julekake	Christmas bread
krumkake	crisp, cone-shaped cookie
småkaker	cookies
kjeks	cookies, biscuits ("cakes")
smultringer	doughnuts
pai	pie
terte	torte

Supper (soups)

asparagessuppe	asparagus soup
betasuppe	meat, marrow, and vegetable soup
blomkålsuppe	cauliflower soup
buljong	consommé
dagens suppe	soup of the day
fiskesuppe	fish soup
grønnsaksuppe	vegetable soup
gul ertesuppe	yellow pea soup
hønsesuppe	chicken soup
løksuppe	onion soup
oksehalesuppe	oxtail soup
potetsuppe	potato soup
tomatsuppe	tomato soup

Kjøtt (meat)

blodpudding	blood sausage
hjerte	heart
karbonade	meat patty
kjøttboller	meatballs
kjøttkaker	meat patties
lapskaus	hash
lever	liver
leverpostei	liver pate
lungemos	minced lung with onion
nyrer	kidneys
pølser	sausages
ribbe	ribs
spekekjøtt	cured, dried meat
sylte	spiced, pressed pork roll
tunge	tongue

Svinekjøtt (pork)

skinke	ham
spekeskinke	cured ham
svinekam	saddle of pork
svinekotelett	pork chop
svinesteik	pork roast
svinekarbonade	pork patty
medisterkaker	pork patties
ribbe	roasted spareribs

Lammekjøtt og Fårekjøtt (lamb and mutton)

lammesteik	lambroast
lammefrikassé	lamb fricassee
lammekotelett	lamb chop
lammesadel	saddle of lamb
fårekotelett	mutton fricassee
fårepølse	mutton sausage
fårelår	leg of mutton
fenalår	dried, cured mutton
fårikål	mutton with cabbage

Kalvekjøtt (veal)

kalvesteik	roast veal
kalvedans	jellied veal
kalvefilet	filet of veal

Oksekjøtt (beef)

bankebiff	beef slices in gravy
steik	beef roast
oksekarbonade	beef patty
okserull	rolled beef roast
oksebryst	brisket of beef
oksekotelett	beef cutlet
biff	steak

Viltretter (game)

dyresteik	venison
elg	moose
fasan	pheasant
hare	hare
kanin	rabbit
rapphøne	partridge
reinsdyrsteik	reindeer roast
rype	ptarmigan
vaktel	quail
and	duck
gås	goose
kalkun	turkey

Høns (poultry)

kylling	chicken
kyllingbryst	chicken breast
hønsefrikassé	chicken fricassee

Fisk og kalldyr (fish and shellfish)

ansjos	anchovies
ål	eel
blåskjell	mussel
brisling	brisling (small herring)
fiskegrateng	fish au gratin
fiskekaker	fish cakes
fiskepudding	fish mousse
flyndre	flounder
hummer	lobster
karpe	carp
krabbe	crab
kveite	halibut
laks	salmon
lutefisk	cod treated with lye
lysing	hake
makrell	mackerel
reker	shrimp
rogn	roe
sardin	sardine

(kohm-er) **kommer**	*(gore)* **går**
(lær-er) **lærer**	*(treng-er)* **trenger**
(har) **har**	*(leek-er)* **liker**
(het-er) **heter**	*(hyuhp-er)* **kjøper**
(snah-ker) **snakker**	*(bor)* **bor**
(bes-til-er) **bestiller**	*(bleer)* **blir**

go/walk	come/comes
need/needs	learn/learns
like/likes	have/has
buy/buys	is/are called
live/reside	speak/speaks
remain/stay	order/reserve

(see-er)
sier

(spees-er)
spiser

(drik-er)
drikker

(vent-er) *(paw)*
venter på

(forsh-tore)
forstår

(see-er) *(en)* *(gahng)* *(til)*
sier . . . en gang til

(sair)
ser

(send-er)
sender

(saw-ver)
sover

(fin-er)
finner

(yuhr)
gjør

(vees-er)
viser

eat/eats	say/says
wait for/waits for	drink/drinks
repeat/repeats	understand/understands
send/sends	see/sees
find/finds	sleep/sleeps
show/shows	do/make

(skreev-er) **skriver**	*(bet-ahl-er)* **betaler**
(vet) **vet**	*(kahn)* **kan**
(maw) **må**	*(lay-sir)* **leser**
(ræ-ees-er) **reiser**	*(fleer)* **flyr**
(lahnd-er) **lander**	*(kohm-er)* *(til)* **kommer til**
(gore) *(frah)* **går fra**	*(hyuhr-er)* **kjører**

pay/pays	write/writes
can/am able to	know/knows
read/reads	have to/must
fly/flies	travel/travels
arrive at/in	land/lands
drive/drives	depart/leave from

(veks-ler) **veksler**	*(spur)* **spør**
(ruh-ee-ker) **røyker**	*(koke-er)* **koker**
(bay-yun-er) **begynner**	*(steeg-er)* *(oot)* **stiger ut**
(look-er) **lukker**	*(awp-ner)* **åpner**
(seek) *(frisk)* **syk - frisk**	*(go)* *(dore-lee)* **god - dårlig**
(vahrm) *(kahl)* **varm - kald**	*(lahvt)* *(huh-eet)* **lavt - høyt**

ask/asks	exchange/exchanges
cook/cooks	smoke/smokes
get/gets out	begin/begins
open/opens	close/closes
good - bad	sick - healthy
softly - loudly	warm - cold

(steeg-er)
stiger

(steeg-er) *(paw)*
stiger på

(steeg-er) *(ahv)*
stiger av

(bit-er)
bytter

(bit-er) *(tawg)*
bytter tog

(vahsk-er)
vasker

(mist-er)
mister

(tar)
tar

(sel-ler)
selger

(ahr-bide-er)
arbeider

(sit-er)
sitter

(pahk-er)
pakker

board/boards (trains, etc.)	climb/climbs
change/swap	get/gets off
wash/washes	change/changes (trains, etc.)
take/takes	lose/loses
work/works	sell/sells
pack/packs	sit/sits

(aw-pen) *(stengt)* **åpen - stengt**	*(un-shil)* **unnskyld**
(ad-yuh) **adjø**	*(vor-dahn)* *(har)* *(doo)* *(day)* **Hvordan har du det?**
(day) *(ær)* **det er**	*(yæ-ee)* *(ær)* **jeg er**
(hahn) **han** *(ær)* *(huhn)* **er** **hun**	*(vee)* *(ær)* **vi er**
(doo) *(ær)* **du er**	*(dee)* *(ær)* **de er**
(day) *(snuhr)* **det snør**	*(day)* *(rine-er)* **det regner**

excuse me	open - closed
How are you?	good bye
I am	there is/there are
we are	he $\left.\begin{array}{l} \text{he} \\ \text{she} \end{array}\right\}$ is
they are	you are
it is raining	it is snowing

(kort) *(lahng)* **kort - lang**	*(stor)* *(lee-ten)* **stor - liten**
(tik) *(tin)* **tykk - tynn**	*(oh-ven-paw)* *(ned-uh)* **ovenpå - nede**
(ven-struh) *(huh-ee-ruh)* **venstre - høyre**	*(lahng-sohmt)* *(fort)* **langsomt - fort**
(huh-ee) *(lahv)* **høy - lav**	*(gah-mel)* *(ohng)* **gammel - ung**
(bil-ee) *(deer)* **billig - dyr**	*(reek)* *(fah-tee)* **rik - fattig**
(mee-uh) *(lit)* **mye - litt**	*(suht)* *(soor)* **søt - sur**

large - small	short - long
upstairs - downstairs	thick - thin
slow - fast	left - right
old - young	high - low
rich - poor	cheap - expensive
sweet - sour	much/a lot - a little